Markus Schelhorn

Digitale Welt einfach erklärt

Geniale Apps für die Reise

Inhaltsverzeichnis

- 4 **Apps installieren und verwalten**
- 5 Geniale Apps nicht nur für Ihren Urlaub
- 7 Per QR-Code direkt zur App
- 8 So finden Sie gute Apps
- 10 Alles über Apps für Android
- 15 Alles über Apps für das iPhone

- 18 **Finanzen**
- 19 Mit Ihrem Smartphone die Reisekasse im Griff
- 20 Trexpense Pro
- 22 Splid
- 24 Währungsrechner Finanzen100
- 26 PayPal
- 28 Hanseatic Bank Mobile

- 30 **Unterkunft finden**
- 31 Urlaub auf der Couch buchen
- 32 FeWo-direkt
- 34 Expedia
- 36 Check24 Reisen
- 38 Holidaycheck
- 40 Secret Escapes

- 42 **Per Flug, Bahn und Co zum Urlaubsort**
- 43 Günstig zum Reiseziel
- 44 Omio
- 46 Swoodo
- 48 Holidayextras
- 50 Blablacars
- 52 Ferryhopper

- 54 **Camper auf Achse**
- 55 Entspannt in den Campingurlaub
- 56 ADAC Camping
- 58 Park4Night
- 60 Yescapa
- 62 CoPilot
- 64 Motorhome Level

- 66 **Mobil vor Ort**
- 67 Im Urlaub flexibel von A nach B
- 68 Moovit
- 70 Tier
- 72 nextbike
- 74 Flinkster
- 76 Check24 Reisen

- 78 **Mit dem Auto unterwegs**
- 79 Mit digitalen Helfern ans Ziel
- 80 Google Maps
- 82 Mit dem Auto ins Ausland
- 84 clever-tanken
- 86 EnBW mobility+
- 88 ADAC Pannenhilfe

- 90 **Unterwegs in der Natur**
- 91 Genügend Energie für Frischluft-Verrückte
- 92 Komoot
- 94 Bikemap
- 96 Bergfex / Ski
- 98 PeakFinder
- 100 Picture This
- 102 what3words

- 104 **Wetter- und Umweltbedingungen im Blick**
- 105 Machen Sie das Beste aus dem Wetter
- 106 Wetter.com

72

Spontan per Leih-Fahrrad durch Europas Städte touren mit der App nextbike

118

Warteschlangen vermeiden durch bequeme Ticket-Buchung mit der App GetYourGuide

144

Ohne Vokabeltraining Gespräche in anderen Sprachen führen mit der App iTranslate

108 Nina
110 Windy
112 Light Pollution Map
114 Star Walk 2

116 Städtetrip
117 Kultur & Kulinarik genießen
118 GetYourGuide
120 Virtlo
122 TheFork
124 Glympse
126 Toilet Finder

128 Urlaubserinnerungen als Foto festhalten
129 7 Tipps für beeindruckende Fotos und Videos
130 Pinterest
132 MyPostcard
134 Journi Blog
136 Google Fotos
138 CapCut

140 Sprachhürden überwinden
141 Mit Fremdsprachen Türen und Herzen öffnen

142 Google Übersetzer
144 iTranslate
146 Dict.cc
148 Duolingo
150 Pons Bilderwörterbuch

152 Wohlbefinden und Gesundheit
153 Apps auf Rezept
154 Sicher reisen
156 GesundheitsWetter
158 TeleClinic
160 Headspace

162 Daten schützen, Kostenfallen vermeiden
163 Gut vorbereitet in den Urlaub
165 Smartphone verloren, gestohlen oder nicht gefunden
167 Halten Sie Ihre Internet-Kosten im Blick
169 So verwenden Sie Apps sicher

174 Hilfe
174 Stichwortverzeichnis

Apps installieren und verwalten

Mit dem Smartphone sind Sie vielerorts mit dem Internet verbunden und können die größte Informationsquelle anzapfen, die es gibt. Das macht den mobilen Alleskönner mittlerweile zu einem idealen Helfer für die Reise, auf den man nicht verzichten möchte. Die nächsten Seiten zeigen zunächst, wie Sie die Apps installieren, verwalten und löschen.
Dann geht es auch schon los mit unseren Empfehlungen zu mehr als 60 genialen Apps für eine hoffentlich ebenso geniale Reise.

Geniale Apps nicht nur für Ihren Urlaub

Apps verwandeln ein Smartphone in einen digitalen Tausendsassa. Sie buchen unter anderem Reisen, kommen jedem Ziel auf die Spur, bezahlen und können sich in fremden Sprachen verständigen. In diesem Buch finden Sie rund 60 Empfehlungen zu Apps, die Ihnen zur Inspiration, Planung und während des Urlaubs gute und manchmal nahezu unverzichtbare Dienste leisten. Mit den ergänzten Alternativen sind es weit über hundert Apps. Einige dieser Anwendungen werden Sie auch im Alltag gerne nutzen.

So haben wir die Apps ausgewählt

Besitzen Sie ein Android-Smartphone, dann haben Sie die Wahl aus über drei Millionen Apps. Das Angebot für iPhone-Benutzer ist mit knapp zwei Millionen Apps ebenfalls äußerst üppig. Apps gibt es also zu jeder erdenklichen Lebenslage. So steht man vor der Herausforderung, die Spreu vom Weizen zu trennen.
Alle vorgestellten Apps sind im Google Play Store und/oder im Apple App Store erhältlich. Wir wählen die hier vorgestellten Apps zunächst auf Grundlage der Testergebnisse von Stiftung Warentest aus. Doch nicht jede App beziehungsweise der entsprechende Dienst, den Sie über die App verwenden, wurde getestet. Deshalb richten wir uns nach einer Kombination aus den positiven Bewertungen und Kommentaren zu den Apps sowie der Anzahl der Downloads. Nach dieser Vorauswahl testen wir die App selber auf

> **Tipp**
>
> **Abos unter Kontrolle:** Viele Apps, die wir in diesem Buch vorstellen, nutzen ein Abo-Modell, das Sie monatlich oder jährlich abschließen. Oft lässt es sich eine gewisse Zeit kostenlos testen, bevor das Abonnement startet. Ein Abo verlängert sich nach Ablauf automatisch. So können unbemerkt Kosten entstehen. Unser Rat: Sobald Sie ein Abo abschließen, kündigen Sie das Abo sofort nach Kauf, sofern Sie es nur kurzfristig nutzen möchten. Es endet dann automatisch nach der vereinbarten Laufzeit. Alternativ notieren Sie den Kündigungstermin frühzeitig als Erinnerung oder im digitalen Kalender. Bei Bedarf können Sie dann noch einmal umentscheiden. Auf den folgenden Seiten erfahren Sie unter anderem, wie Sie im Google Play Store oder Apple App Store ein Abo kündigen.

Bedienbarkeit und Funktionalität. Den Vorzug geben wir kostenlosen sowie preisgünstigen Angeboten. Die unserer Meinung nach besten Apps stellen wir vor und zeigen mindestens eine empfehlenswerte Alternative. Oft ergänzen die Alternativen die vorgestellte App, beispielsweise für das Suchen nach einer Ferienwohnung oder einer Sprachkurs-App. Die Apps haben wir auf einem Samsung Galaxy S20 mit dem Android 11 und einem iPhone 11 Pro mit iOS 15 installiert und beurteilt.

Außer auf einem Smartphone lassen sich die Apps auch auf einem Tablet nutzen. Einige Apps sind zudem auf das größere Display eines Tablets angepasst. Auch eine Smartwatch wird von manchen Apps unterstützt, vor allem für die Navigation oder für Anweisungen einer Fitness-App. So können Sie beispielsweise Informationen auf der Smartwatch betrachten, ohne das Smartphone aus der Tasche holen zu müssen. Wir gehen aus Platzgründen nicht näher auf diese Optionen ein.

Per QR-Code direkt zur App

In diesem Buch gibt es zu jeder App auch Abbildungen von QR-Codes. Deren quadratisches Symbol (siehe rechts) speichert wie ein Barcode Informationen. Mit der Kamera eines neueren Smartphones lässt sich so ein QR-Code lesen und die App direkt im Google Play Store oder Apple App Store aufrufen. Öffnen Sie einfach die *Kamera-App* und halten Sie die Kamera auf den QR-Code. Die Kamera-App zeigt dann die jeweilige Store-Adresse, die Sie nur noch antippen müssen.

Kamera-App eines Samsung Galaxy S20

Ihre Kamera erkennt keinen QR-Code?

Wird kein QR-Code erkannt, liegt es vielleicht daran:
▶ **QR-Funktion ist deaktiviert:** Sofern Sie es nicht geändert haben, ist die QR-Funktion Ihrer Kamera-App aktiviert. Prüfen Sie in den *Einstellungen der Kamera-App*, ob die Funktion ausgeschaltet ist. Wenn ja, dann aktivieren Sie diese wieder. Die Einstellungen dazu finden Sie bei Android-Smartphones direkt in der Kamera-App. iPhone-Nutzer rufen die App *Einstellungen* auf und wählen aus der Liste *Kamera*.
▶ **QR-Code wird nicht unterstützt:** Die Kamera-Apps älterer Smartphone-Modelle können in der Regel keinen QR-Code scannen. In diesem Fall laden Sie sich einen QR-Code-Reader als kostenlose App. Das Angebot ist riesig und viele QR-Code-Scanner-Apps blenden in der kostenlosen Variante Werbung ein, die sehr störend sein kann. Eine Empfehlung für Android-Nutzer ist die App „QR-code & Barcode-Scanner" von QR Easy. iPhone-Besitzer können unter anderem die App „QR Code & Barcode Scanner" von TeaCapps verwenden.

Kamera-App eines Apple iPhone 11 Pro

So finden Sie gute Apps

Sicherlich haben Sie selbst schon einmal nach einer App gesucht und dabei manchen genialen Treffer, aber auch manche Enttäuschung gefunden. Sie können bereits an der Art der App einschätzen, wie der Anbieter davon profitiert und ob dann noch das Angebot für Sie relevant ist. Denn in der Regel möchte man auf die ein oder andere Weise Geld mit Ihnen verdienen. Entweder, indem Sie die App bezahlen – oder indem der Anbieter Ihre Daten für Werbung und Marketing nutzt. Hier sehen Sie eine Übersicht möglicher kommerzieller Ziele.

▶ **Kostenlos:** Wirklich kostenlose Apps zeichnen aus, dass Sie die App im vollen Umfang nutzen können: ohne Geld zu zahlen und Daten von sich preiszugeben. Vor allem Organisationen oder Behörden bieten solche Apps an, um die Bevölkerung zu informieren: beispielsweise die Warn-App „NINA" oder die App „Sicher reisen" des Auswärtigen Amtes. Daneben gibt es einige Apps aus der Open-Source-Gemeinde. Diese schaffen jedoch eher selten den Weg in den Google Play Store oder Apple App Store.

▶ **Werbeeinblendungen:** Viele kostenlos nutzbare Apps blenden Werbung ein, manche sogar ohne weitere Einschränkung des Funktionsumfangs. In vielen Fällen können Sie gegen einen einmaligen Kauf oder ein Abo die Werbung ausblenden, oft verbunden mit erweiterten Funktionen.

▶ **Kostenlos mit Einschränkungen:** Ein sehr häufiges Modell ist eine eingeschränkt nutzbare kostenlose Version einer App. Weitere oder alle Funktionen der App können Sie dann über sogenannte In-App-Käufe erwerben – entweder als einmaligen Kauf oder im Abo. Ein Beispiel dafür ist die Wetter-App „Windy", die in der Abo-Version detailliertere Daten liefert.

▶ **Datensammler:** Einige Unternehmen bieten oft aufwendig produzierte Apps als Werbemittel an. Gut ist es, wenn Sie nach dem ersten Start gefragt werden, ob man beispielsweise personalisierte Werbung auf Facebook erlauben oder Newsletter erhalten möchte, wie es etwa einige Trainings-Apps machen. Problematisch wird es dann, wenn unklar bleibt, welche Art von Daten gesammelt wird.

▶ **Dienstleister:** Portale beispielsweise für Reisen, Ferienwohnungen oder Flüge bieten kostenlos nutzbare Apps an, da sie an Provisionen verdienen. Sie dienen als Plattform, mit denen Kunden und Anbieter in Kontakt kommen. Diese Portale möchten meist viele Daten über Sie wissen, damit der Dienst komfortabel abgewickelt werden kann – aber auch, um Sie mit Angeboten und Newslettern zu binden, sofern Sie es zulassen.

Infos zu den Apps prüfen

Haben Sie eine App ins Auge gefasst, dann nutzen Sie vor dem Installieren am besten mehrere Informationen, um zu prüfen, ob sie geeignet sein könnte. Verlassen Sie sich nicht alleine auf die Sterne-Bewertung, denn mitunter sind sie oder eine hohe Downloadzahl ein trügerisches Qualitätsmerkmal für eine App. Im Zusammenspiel ergibt sich ein besseres Bild: Ist die App in einer Chart-Liste? Wurde Sie im Apple App Store empfohlen?

▶ **Bildschirmfotos:** Einen ersten Eindruck der App vermitteln bereits Bildschirmfotos und Videos zur App, die im Google Play Store und Apples App Store gleich als erstes angezeigt werden.

▶ **Infotext des Anbieters:** Lesen Sie den Beschreibungstext des Anbieters durch. Meist sind diese in Deutsch, manchmal nur in Englisch. Den Text können Sie markieren und beispielsweise mit der App „Google Übersetzer" ins Deutsche übersetzen. Am Ende des Beschreibungstextes erfahren Sie im Google App Store zudem, wann die App das letzte Mal aktualisiert wurde.

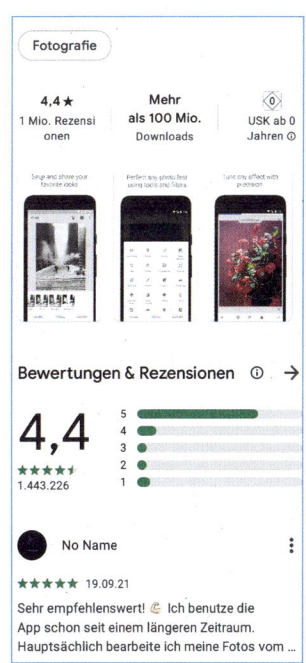

Bewertung zur Foto-App Snapseed

Im Apple App Store finden Sie diese Info unter „Neue Funktionen" vor den Bildschirmfotos, wenn Sie die App über die Suchfunktion gefunden, beziehungsweise nach den Bewertungen, wenn Sie die App im Bereich „Apps" aufgerufen haben.

▶ **Kommentare:** Die Kommentare sind die authentischste Informationsquelle zu der App, denn sie spiegeln im Querschnitt den Nutzen und die Einschränkungen der App im echten Leben wider. Meist ergeben sich hier gute Hinweise, wenn mehrere Kommentatoren von ähnlichen Erfahrungen berichten. Aber es tauchen auch immer wieder mal Fake-Kommentare auf. Zudem können einzelne Nutzer aus Ärger einer fehlenden oder nicht funktionierenden Funktion eine ungerechte Bewertung abgeben.

Alles über Apps für Android

Der Google Play Store ist für Android-Nutzer die einfachste und empfehlenswerteste Anlaufstelle, um Apps zu installieren. Doch nicht jeder kann ihn nutzen: Besitzen Sie ein aktuelles Smartphone von Huawei (ab P40) oder Honor (ab Mate 30), dann lässt sich der Google Play Store wie alle weiteren Google-Dienste nicht verwenden. Stattdessen kann man mit der Huawei AppGallery eine Alternative nutzen, die nicht alle in diesem Buch vorgestellten Apps beinhaltet. Zudem gibt es weitere App-Galerien wie etwa den Amazon Appstore, den man über einen mobilen Internetbrowser installieren kann. Im Folgenden beschreiben wir aber, wie Sie Apps im Google Play Store finden, installieren, ein Abo kündigen oder einen unbeabsichtigten Kauf rückgängig machen und Apps organisieren. Grundlage ist Android Version 11.

So finden Sie passende Apps

Auf der Startseite des Google Play Store erhalten Sie Empfehlungen und App-Vorschläge auf Basis Ihrer letzten Aktivitäten. In der Regel werden Sie gezielt nach einer App suchen wollen, die einen bestimmten Zweck erfüllt. Hier sind drei Vorschläge, wie Sie nach einer App suchen können:

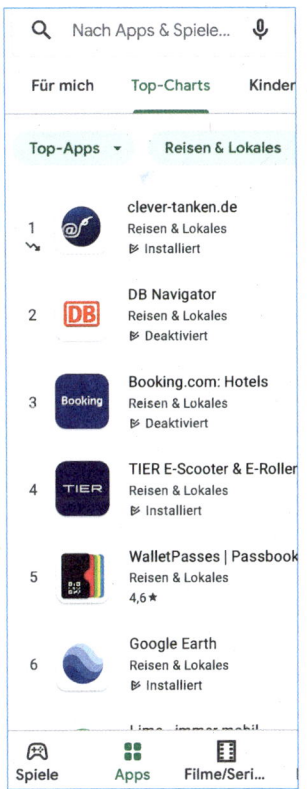

▶ **Direkte Suche:** Im Eingabefenster auf der oberen Leiste können Sie mit Stichwörtern nach einer passenden App suchen. Möchten Sie vielleicht ein Wochenende in Hamburg verbringen, versuchen Sie doch mal das Stichwort „Hamburg". Sie finden so beispielsweise schnell einen kostenlosen Reiseführer speziell für die Hansestadt.

▶ **Kategorie:** Sie möchten alle Apps zu einem bestimmten Thema sehen? In der Leiste unterhalb des Suchfensters tippen Sie auf halb verdeckte *Kategorien*. Hier finden Sie alle Apps nach Themen sortiert, beispielsweise „Fotografie" oder „Reisen & Lokales".

▶ **Top-Charts:** Alternativ wählen Sie *Top-Charts*, tippen auf das Feld *Kategorien* unterhalb von „Top-Charts" und wählen die gewünschte Kategorie, um deren beliebteste Apps zu sehen.

So laden und kaufen Sie Apps

Installieren Sie eine kostenlose App, dann geht das denkbar einfach von der Hand: Sie tippen auf *Installieren* und die App landet auf dem Speicher Ihres Smartphones. Ist die App kostenpflichtig, erscheint vor dem Installieren ein Fenster von Google Play, in dem Sie dem Kauf zustimmen. Auf diese Weise verhindert der Play Store, dass Sie unbeabsichtigt eine App erwerben.

In einem weiteren Fenster können Sie die Zahlungsart angeben und *Tippen & Kaufen* wählen. Nach einer Bestätigung Ihrer Berechtigung kaufen und zahlen Sie dann die App. Diesen Bezahlvorgang durchlaufen Sie auch bei einem In-App-Kauf.

▶ **Zahlungsmethoden:** Über Ihre Profileinstellungen geben Sie die Zahlungsmethoden an. Tippen Sie dazu auf das Profil-Icon rechts vom Suchfenster (bei älteren Android-Versionen auf die drei Striche links davon). Wählen Sie *Zahlungen & Abo > Zahlungsmethoden*. Sie können auf verschiedene Weise Rechnungen begleichen: per Kreditkarte, Abrechnung über Ihren Mobilfunkanbieter oder my paysafecard sowie über einen Zwischenschritt mit den Zahlungsdienstleistern Paypal oder Klarna auch per Girocard.

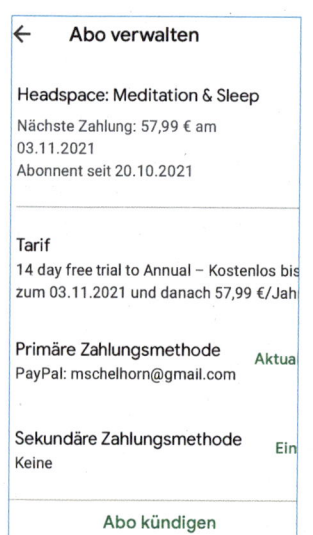

▶ **Abo kündigen:** Abo-Modelle sind mittlerweile weit verbreitet. Beachten Sie, dass sich ein Abo automatisch verlängert. Daher sollten Sie rechtzeitig kündigen, wenn Sie die App nicht mehr nutzen. Viele Apps bieten vorab die Möglichkeit, die Funktionen kostenlos zu testen. Mit der Meditations-App Headspace ist das sogar 14 Tage lang möglich. Wenn Sie innerhalb der Probezeit das Abo kündigen, entstehen keine weiteren Kosten. So gehen Sie vor: Wählen Sie in Ihrem Profil vom Google Play Store *Zahlungen & Abos*. Tippen Sie auf *Abos* und wählen die App aus, dessen Abo Sie beenden möchten. In der Einzeldarstellung der App können Sie das Abo kündigen.

▶ **Kauf erstatten:** Es kann vorkommen, dass Sie eine App kaufen und es später bereuen. Sie müssen dann nicht immer auf den Kosten sitzen bleiben, sondern können den Kauf in manchen Fällen rückgängig machen. Dazu wählen Sie wie im Schritt *Abo kündigen* beschrieben *Zahlungen & Abos*. Tippen Sie auf *Budget & Verlauf*, wählen die App und tippen auf die grüne Schrift *Erstatten*, sofern diese erscheint. Ist das nicht möglich, können Sie sich mit der Hoffnung auf Kulanz an den Entwickler der App wenden.

Die Ordner auf dem Startbildschirm orientieren sich an den Kapiteln in diesem Buch.

Ihre Android-Apps gut sortiert

Mit der Zeit sammeln sich dutzende Apps auf Ihrem Smartphone. Damit Sie nicht den Überblick verlieren, empfehlen wir etwas Ordnung in die Sammlung zu bringen.

▶ **Startbildschirm:** Nach dem Entsperren Ihres Smartphones *öffnet sich der Startbildschirm*. Hier können Sie in der unteren Leiste bis zu vier Apps und/oder Ordner unterbringen, die Sie häufig verwenden. Wie Sie einen Ordner erstellen, erfahren Sie im nächsten Schritt „Ansicht alle Apps". Auch der übrige Bereich des Startbildschirms lässt sich anpassen. Sie können neben Apps und Ordner auch Widgets platzieren, die etwa die Uhrzeit oder das Wetter anzeigen. *Drücken Sie längere Zeit auf einen leeren Bereich*, bis eine untere Menüleiste erscheint, die auch ein *Widget-Icon* zeigt. Wählen Sie das gewünschte Widget und *tippen auf Hinzufügen*. Auf dem

Startbildschirm lassen sich *Größe und Position eines Widgets ändern*, indem Sie es *für längere Zeit antippen*. Möchten Sie eine weitere *Startseite hinzufügen*, dann einfach *eine App, einen Ordner oder ein Widget gedrückt halten* und verschieben bis zum rechten Bildschirmrand, bis eine weitere leere Seite erscheint.

▶ **Ansicht alle Apps:** In diesem Bereich landen alle Apps, die Sie installiert haben. So ordnen Sie die Apps an: Halten Sie mit dem Finger ein Icon so lange gedrückt, bis ein Fenster erscheint. Jetzt können Sie das Icon an eine andere Stelle verschieben. Möchten Sie mehrere Apps eines Themas sammeln, dann schieben Sie das Icon auf ein anderes. Erscheint ein Rahmen um das Icon, lassen Sie es los. Sie haben einen Ordner erstellt, in den Sie auf gleiche Weise weitere Icons sortieren können. Möchten Sie einen Verweis zu diesem Ordner auf den Startbildschirm erstellen, dann halten Sie ihn mit dem Finger längere Zeit gedrückt. Die Anzeige wechselt zum Startbildschirm und Sie können den Ordner an gewünschter Stelle platzieren. Ist ihnen das aus Versehen passiert, schieben Sie den Ordner oben links auf *Abbrechen*.

Den Speicherort einer App ändern

Die meisten Smartphone-Modelle bieten die Möglichkeit, den internen Speicher mit einer Speicherkarte zu erweitern. Nutzen Sie eine zusätzliche Speicherkarte, dann können Sie installierte Apps von dem internen Speicher auf die Speicherkarte verschieben. Das klappt allerdings nicht mit allen Apps, einige müssen aus Sicherheitsgründen auf dem internen Speicher bleiben. Rufen Sie zum Ändern des Speicherplatzes in der App *Einstellungen* den Punkt *Apps* auf. Tippen Sie eine App an und wählen *Speicher*. Hier sollten Sie eine Option finden, die das Verschieben der App ermöglicht. Da sich die Einstellungen der verschiedenen Smartphone-Modelle unterscheiden, kann das Vorgehen bei Ihrem Modell abweichen.

Alles über Apps für das iPhone

Der Apple App Store ist die einzige Quelle, über die Sie Apps auf das iPhone oder iPad laden können. Das hat durchaus seinen Vorteil, denn so gelangen nur Apps auf Ihr Gerät, die eingehend untersucht und unbedenklich sind. Eine gesunde Skepsis sollten Sie vor allem bei der Freigabe Ihrer Daten dennoch bewahren.

So finden Sie Apps im App Store

Über das *Lupen-Symbol* unten rechts können Sie direkt nach dem Namen einer App suchen oder nach einem Begriff, dessen Zweck sie erfüllen soll. Tippen Sie in der unteren Leiste auf das mittlere Icon *Apps*, gelangen Sie zu dem Übersichtsfenster der Apps, das unter anderem Empfehlungen, aktuell beliebte Apps sowie Apple-Charts für Gratis- und gekaufte Apps zeigt. Wischen Sie die Ansicht bis zum Ende hinunter, gelangen Sie zu dem Abschnitt *Top-Kategorien*. Tippen Sie rechts von der Schrift auf *Alle anzeige*n, dann erhalten Sie eine Liste aller Kategorien für die Apps. Tippen Sie auf eine Kategorie, sehen Sie eine Liste der beliebtesten kostenlosen sowie kostenpflichtigen Apps speziell für diesen Bereich. Für einige Kategorien, beispielsweise für „Reisen", gibt es zudem redaktionelle Empfehlungen von Apple. Viele dieser Empfehlungen werden Sie auch in diesem Buch wiederfinden.

So laden und kaufen Sie Apps

Möchten Sie eine App installieren, dann tippen Sie auf das *blaue Laden-Feld*. Bevor die Installation starten kann, müssen Sie Ihre

Identität bestätigen. Je nach iPhone-Modell und Konfiguration geschieht dies entweder per Fingerabdruck oder Gesichtserkennung (Face ID). In einigen Fällen geben Sie Ihre Apple-ID nebst Passwort ein.

▶ **Zahlungsmethoden:** Neben Kreditkarte und Apple Pay können Sie mit der Handyrechnung oder PayPal bezahlen. Mit dem Umweg über PayPal ist so auch Giropay als Bezahlmethode möglich. Sie können eine oder mehrere Zahlungsmethoden festlegen. Dazu starten Sie die App *Einstellungen* und tippen auf Ihren Namen. Wählen Sie *Zahlung & Versand* und tippen auf *Zahlungsmethode zufügen*. In der App „App Store" lässt sich zudem eine Gutscheinkarte einlösen, die Sie im Einzelhandel oder Online-Shops erwerben können. Tippen Sie dazu oben rechts auf Ihren persönlichen Bereich und wählen *Karte oder Code einlösen*.

▶ **Abo kündigen:** Möchten Sie ein Abo kündigen, dann wählen Sie wie bei den Zahlungsmethoden in der App *Einstellungen* Ihren Namen. Tippen Sie auf *Abonnements* und wählen das Abo aus, das Sie kündigen möchten. Über *Abo kündigen* beenden Sie das Abo.

▶ **Kauf erstatten:** Apple gestaltet dies kompliziert, aber es geht: Innerhalb von 90 Tagen können Sie einen Kauf wieder rückgängig machen. Öffnen Sie die App *App Store* und tippen oben rechts auf das runde Icon Ihrer Benutzereinstellungen. Tippen Sie auf Ihren Account, das ist der erste Eintrag mit dem runden Icon-Symbol. Wischen Sie nach unten und tippen auf *Einkaufsstatistik*. Sie sehen eine Liste mit den zuletzt gekauften Apps, wobei Sie für kostenlose Apps Null Euro gezahlt haben. Wählen Sie bei der App, dessen Kauf Sie rückgängig machen möchten, den Punkt *Berechneter Gesamtbetrag*. Über *Problem melden* können Sie nun mit Angabe des Grundes den Kauf stornieren.

Ihre iOS-Apps wohl geordnet

Nach der Installation landet eine App auf Ihrem Home-Bildschirm. Halten Sie das App-Icon längere Zeit gedrückt bis es wackelt, können Sie die App an einen anderen Ort sortieren. Schieben Sie das App-Icon auf ein anderes, erscheint ein Rahmen und Sie können so einen Ordner anlegen, thematisch passende Apps dort zusammenfassen und den Bildschirm aufräumen.

Ab iOS 14 gibt es eine weitere Möglichkeit, Apps zu organisieren: Wischen Sie den *Home-Bildschirm* von rechts nach links, erscheint ganz am Ende ein neues Fenster, in dem das iOS automatisch Apps thematisch zusammengefasst hat. Apple nennt dieses Fenster „App-Mediathek". Möchten Sie lieber diese Darstellung nutzen und mehr Übersicht auf dem Home-Bildschirm erhalten, dann können Sie einzelne Apps oder sogar einen kompletten Home-Bildschirm ausblenden.

▶ **Einzelne Apps ausblenden:** Halten Sie das App-Icon längere Zeit gedrückt, bis ein Auswahlmenü erscheint. Wählen Sie *App entfernen* und im folgenden Fenster *Vom Home-Bildschirm entfernen*. Die App lässt sich später wieder einblenden, indem Sie diese in der App-Mediathek einfach so lange gedrückt halten, bis sie in den Home-Bildschirm springt. Aber passen Sie auf: Befindet sich das Icon bereits auf dem Home-Bildschirm, ist es dann doppelt vorhanden.

▶ **Home-Bildschirm ausblenden:** Tippen und halten Sie so lange einen beliebigen Bereich auf dem Home-Bildschirm, bis die *Icons wackeln* und unten eine Navigationsleiste der Home-Bildschirme erscheint. Tippen Sie auf die Leiste und wählen aus der Miniaturansicht den oder die Home-Bildschirme aus, die Sie ausblenden möchten. Auf die gleiche Weise können Sie später einen Home-Bildschirm wieder einblenden.

Finanzen

Kontrollieren Sie auf Reisen ganz einfach Ihre Ausgaben, und teilen Sie transparent die Kosten unter Mitreisenden auf. Behalten Sie mit einem Währungsumrechner den Überblick von Beträgen in Fremdwährungen. Und bleiben Sie mit Bezahl-Apps fürs Smartphone immer liquide, auch wenn das Bargeld nicht mehr reicht. Zudem können Sie mit Ihrem Gerät risikoarm kostenlose Kreditkarten nutzen.

Mit Ihrem Smartphone die Reisekasse im Griff

Unbeschwert den Urlaub genießen Sie dann, wenn Sie sich keine Gedanken über das liebe Geld machen müssen. Mithilfe von Apps behalten Sie Ihr Urlaubsbudget im Blick und können ohne Aufwand gemeinsame Ausgaben unter Mitreisenden aufteilen.

Kreditkarten, Google Pay und Apple Pay

Im Ausland ist es vielerorts erschwert möglich, mit Scheinen und Münzen zu bezahlen. Kreditkarten sind eine nützliche Ergänzung und in einigen Ländern mitunter die einzige Alternative. In Schweden ist es beispielsweise die einzige Möglichkeit zu bezahlen. Auch für das Buchen etwa von Hotel oder Mietwagen verlangen viele Anbieter eine Kreditkarte als Zahlungsmittel.

So bezahlen Sie mit Ihrem Smartphone

Sie müssen Google Pay nicht öffnen – halten Sie einfach Ihr Smartphone an den Kartenleser.

Für die Reise können Sie sich eine kostenlose Kreditkarte anschaffen, sofern Sie keine jährlichen Gebühren zahlen möchten. Zudem sparen Sie im Ausland je nach Kreditkartenvertrag Gebühren, die durch Bargeldabhebungen oder Währungsumrechnungen anfallen können. Bis auf wenige Ausnahmen lassen sich Kreditkarten auch als Zahlungsmittel für Google Pay und Apple Pay nutzen. So haben Sie die Wahl, ob sie mit Karte oder kontaktlos mit dem Smartphone bezahlen. Einen Test von 35 Kreditkarten finden Sie in test, Ausgabe 3/2021 oder unter www.test.de/kreditkarten.

Trexpense Pro: Reisebudget einfach verwalten

Android

iOS

Das Gesamtbudget für den Urlaub lässt sich grob schätzten und nach der Reise können Sie einen Kassensturz machen. Es lohnt sich aber, die Ausgaben bereits im Urlaub zu notieren. Diese Aufgabe lässt sich mit der 3,49 Euro teuren App Trexpense Pro schnell und unkompliziert erledigen. Sie können sogar die Ausgaben anderer Mitreisenden erfassen. Die App lässt sich auch ohne Internet-Verbindung verwenden. Da die Daten auf dem Smartphone gespeichert werden, gibt es eine Möglichkeit, ein Backup beispielsweise auf einen Cloud-Speicher wie Dropbox zu erstellen.

Reisezeit- und Budget festlegen

Über die *drei Striche oben links* (auch Hamburger Icon genannt) können Sie die Grundeinstellungen für den Reisekosten-Manager vornehmen. Zunächst erstellen Sie eine Reise (Trip) mit dem gewünschten Zeitraum. Wählen Sie ein Land mit einer anderen Währung, ermittelt die App automatisch den aktuellen Umrechnungskurs. Später lassen sich die Ausgaben entweder in Euro oder der gewählten Fremdwährung angeben. Das Budget für die Reise können Sie individuell vergeben, beispielsweise ein Gesamtbudget für die gesamte Reise oder pro Tag. Zudem lässt sich ein Budget für einzelne Kategorien wie etwa Essen oder Schlafen wählen. Ist das erledigt, können Sie noch die Namen der Reisenden angeben sowie die Kategorien nach Ihren Wünschen anpassen.

Ausgaben erfassen

Für den Zeitraum einer Reise lassen sich mit Trexpense Pro unkompliziert und schnell eigene Ausgaben und die der Mitreisenden erfassen. Tippen Sie dazu auf das *Plus-Symbol* unten rechts und wählen die passende Kategorie aus. Sofern Sie den *Namen der Reisenden* angegeben haben, lassen sie sich auswählen. Die App wählt den aktuellen Tag wie auch die Uhrzeit. Diese Zeiten können Sie beim Erfassen und auch später ändern. Sinnvoll ist das, wenn Sie am Abend eines Urlaubstages die Abrechnung machen. Außer der Gesamtübersicht lassen sich die Ausgaben nach Kategorien oder Reisenden filtern. Dazu wählen Sie in der Listen-Darstellung das *Filter-Symbol* oben rechts.

Statistik im Blick und Datenexport

Im Bereich *Statistiken* erhalten Sie mit Diagrammen einen schnellen Überblick, wie viel Sie für welche Kategorien ausgegeben haben – sei es pro Tag oder über die gesamte Reisedauer. Die Daten lassen sich zudem exportieren, um sie beispielsweise an einem Desktop-Rechner mit Excel weiter zu verwenden.

→ **Trexpense FREE**

Für den schnellen Überblick der Kosten reicht auch die Free-Version von Trexpense. Verzichten muss man auf einige Möglichkeiten der Pro-Version. So können Sie unter anderem keine weiteren Mitreisenden angeben, keine Statistik einsehen und keine eigenen Kategorien erstellen. (Android/iOS)

→ **Travel Spend**

Ähnlich wie Trexpense lässt sich die App Travel Spend bedienen. Bereits in der kostenlosen Version sind die meisten Funktionen enthalten, die auch Trexpense Pro bietet. Dafür ist die Bedienung etwas umständlicher und es werden Werbebanner eingeblendet. (Android/iOS)

Splid: Kosten unter Freunden aufteilen

Android

iOS

Verbringen Sie mit Freunden den Urlaub, dann zahlt oft einer aus der Gruppe die Rechnung. Der Betrag wird später geteilt. Lässt man sich Zeit mit dem Kassensturz, kann es schnell zu Verwirrungen über die Ausgaben kommen. Hier hilft die App Splid. Sie ist leicht nutzbar, teilt Ausgaben auf mehrere Personen auf und ermöglicht es, den Betrag unter ausgewählten Mitreisenden aufzuteilen. In der Grundversion ist Splid kostenlos. Möchte man mehrere Gruppen anlegen, die Kosten nach Kategorie aufgeschlüsselt sehen oder die Übersicht als Excel-Datei exportieren, dann können Sie diese Funktionen als In-App-Kauf für 2,99 Euro freischalten.

Ohne Registrierung für alle Mitreisenden

Im ersten Schritt *erstellen Sie eine Gruppe* und fügen die Namen aller Personen ein, unter denen die Kosten geteilt werden sollen. Dazu muss man sich nicht registrieren, wie es bei den meisten vergleichbaren Apps die Voraussetzung ist. Zum erforderlichen Menü gelangen Sie über die *drei Striche oben links*. Erstellt man eine Gruppe, lässt diese sich im Internet freigeben. Auf diese Weise können auch die Mitreisenden die Einträge betrachten oder eigene Ausgaben hinzufügen. Die Beteiligten laden dazu die App auf ihre Smartphones und können der Gruppe mit einem Code beitreten, den sie von Ihnen erhalten.

Kosten erfassen

Über das *Plus-Symbol unten rechts* stehen die drei Optionen *Neue Ausgabe*, *Neue Zahlung* und *Neue Person* zur Auswahl. Eine bezahlte Rechnung erfassen Sie mit *Neue Ausgabe*. Hier lässt sich zunächst der Betrag eingeben, wer ihn bezahlt hat und unter welchen

Mitreisenden er aufgeteilt werden soll. Über die Option *Mehr* lässt sich zudem eine *Fremdwährung* statt Euro angeben. Splid rechnet den Betrag in der Gesamtübersicht automatisch in Euro um. Praktisch: Splid lässt sich ohne Internetverbindung nutzen. Möchten Sie die Übersicht mit mehreren Mitreisenden teilen, synchronisiert die App die Daten, sobald man wieder Zugang zum Internet hat.

Abrechnen und Statistik

Offene Abrechnungen zeigt Splid im Bereich *Übersicht* an, alle *Ausgaben der Reise* im gleichnamigen Bereich *Ausgaben*. Möchten Sie die noch offenen Ausgaben unter den Mitreisenden aufteilen, dann tippen Sie im Bereich *Übersicht* auf *Abrechnen* und *Ausgleichszahlungen*. Eine Liste zeigt, wer welchen Betrag an wen zahlen muss. Ist der Betrag bezahlt, lässt sich über *Zahlung eintragen* die Zahlung bestätigen. Über die *drei Punkte oben rechts* wird eine Gesamtübersicht der Ausgaben angezeigt. In der kostenpflichtigen Version erhält man zudem eine Übersicht der Ausgaben nach Kategorien (etwa Restaurant, Lebensmittel).

→ **Splitwise**

Für die Kostenteilung im Urlaub und für Wohngemeinschaften ist Splitwise gedacht. Zwar ist die Art der Kostenaufteilung im Vergleich zu der App Splid flexibler geregelt und man kann auch deutlich mehr passende Kategorien für eine Ausgabe wählen. Allerdings ist die Anwendung komplizierter und bedarf einer Registrierung. (Android/iOS)

Währungsrechner Finanzen100: Schneller Blick auf Fremdwährung

Android

iOS

Ob kroatischer Kuna, dänische Kronen oder türkische Lira. Schnell kann man die Kontrolle verlieren, wie viel man beispielsweise auf dem Markt oder im Restaurant mit einer fremden Währung bezahlt. Mit einer App für die Währungsumrechnung erhalten Sie schnell Gewissheit über den Wert einer Fremdwährung. Das Angebot der simplen Apps zur Währungsumrechnung ist riesig. Sie alle erledigen im Grunde den gleichen Job: Die einfachen Taschenrechner mit den Grundrechenformen rechnen den Kurs der jeweiligen Landeswährung in eine andere Währung wie den Euro um. Der kostenlose Währungsrechner von Finanzen100, die vom Börsenportal von Focus Online herausgegeben wurde, bietet vor allem für Android-Nutzer noch ein Quäntchen mehr.

Aktueller Kurs per Internet

Über 140 Währungen lassen sich mit der App umrechnen. Der Kurs wird in regelmäßigen Intervallen automatisch aktualisiert, sofern eine Verbindung zum Internet besteht. *Im unteren Bereich* zeigt die App in einer sehr kleinen Schrift an, *wann der Kurs das letzte Mal aktualisiert wurde.* Sie können den Währungsrechner auch offline verwenden, dann nutzt der Währungsumrechner den zuletzt aktualisierten Kurs.

Schnelle Hilfe auch für Trinkgelder

Während der Währungsrechner von Finanzen100 wie alle anderen Währungsrechner sehr einfach zwischen Währungspaaren umrechnet, bietet die App einige nützliche Zusatzinformationen. Praktisch ist vor allem der *Trinkgeld-Rechner*, den bislang nur die Android-Version bietet. Sie können den gewünschten Prozentsatz des Trinkgeldes angeben, die App zeigt dann den Betrag in der Fremdwährung und in Euro an. Eine *Umrechnungstabelle* stellt zudem auf einen Blick in mehreren Schritten den Betrag von Euro zur Fremdwährung dar, in der Android-App zusätzlich von der Fremdwährung zum Euro. So bekommen Sie sehr schnell ein Gefühl für den Wert der Fremdwährung. Ein *Diagramm (Chart)* veranschaulicht zudem die Wertentwicklung des letzten halben Jahres einer Fremdwährung zum Euro. Als Widget lässt sich der Währungsrechner von Finanzen100 nicht nutzen.

→ **Währungsrechner – Wechselkurs**

Die App Währungsrechner – Wechselkurs von Alex Mezhevikin ist für Android und iOS erhältlich. Empfehlenswert ist diese App vor allem für iPhone-Nutzer, da man sie auch als Widget nutzen kann. (Android/iOS)

→ **MyWährung**

Eine überzeugende Alternative für Android-Nutzende ist die App MyWährung. Sie zeigt den Wechselkurs für eine oder mehrere Fremdwährungen an und bietet ein simples Widget, über das man schnell den Wechselkurs berechnen kann. (Android/iOS)

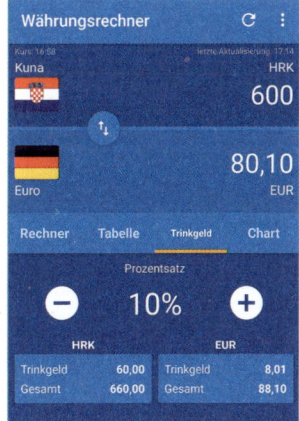

PayPal: Geld schnell an Freunde überweisen

Android

iOS

Paypal, eine Tochter von eBay, ist ein beliebter Zahlungsdienstleister für Onlinekäufe. Im Paypal-Konto geben Sie ein Girokonto oder eine Kreditkarte an, von dem die Beträge abgebucht oder überwiesen werden sollen. Auch für das kontaktlose Bezahlen mit einem Android-Smartphone lässt sich Paypal verwenden, denn es unterstützt Google Pay. Das ist bisher mit Apples Gegenstück Apple Pay nicht möglich. Mit Fremdwährungen sollten Sie auf diese Weise allerdings keine Käufe tätigen, denn dann fallen Gebühren für die Währungsumrechnung an. Für diesen Fall ist eine Kreditkarte wie die Genialcard der Hanseatic Bank (siehe Seite 28) empfehlenswerter, da man mit ihr auch in einer Fremdwährung gebührenfrei bezahlen kann. Paypal bietet mit dem Dienst Xoom zudem die Möglichkeit, Geld ins Ausland zu überweisen. Der Dienst Wise bietet eine weitere Möglichkeit für diesen Zweck.

Geld an Mitreisende überweisen

Mit Paypal lässt sich unkompliziert Geld an Mitreisende überweisen, die ebenfalls ein Paypal-Konto besitzen. Für eine Überweisung an einen anderen Paypal-Benutzer reicht die E-Mail-Adresse, mit der er oder sie bei Paypal angemeldet ist. Sofern keine Währungsumrechnung erfolgt und man innerhalb der EU in Euro überweist, ist das Senden an *Freunde und Familie* kostenlos. Für Fremdwährungen berechnet Paypal fünf Prozent der Transaktionssumme beziehungsweise mindestens 0,99 Euro bis maximal 3,99 Euro.

❶ **Starten Sie Paypal** und tippen *in der unteren Leiste* auf *Senden*. Geben Sie die *E-Mail-Adresse* des anderen Paypal-Benutzers an. Wir empfehlen zum Schutz der Daten Ihrer Kontakte, diese nicht mit Paypal zu synchronisieren.

❷ **Geben Sie** den *Betrag* ein, den Sie überweisen möchten. Sie können zudem einen Kommentar hinzufügen. Tippen Sie auf *Überprüfen*.

❸ **Wählen Sie** als Zahlungsart *Privat*, damit Sie den Betrag ohne Gebühren überweisen können. Die zweite Option *Einkauf* bietet einen Käuferschutz, dafür muss der Empfänger Gebühren bezahlen.

❹ **Im letzten Schritt** wählen Sie das *Konto* aus, von dem der Betrag abgebucht werden soll. Eine Übersicht zeigt den zu überweisenden Betrag und eventuelle Gebühren an. Tippen Sie auf *Senden*. Der Betrag wird nahezu in Echtzeit auf das andere Paypal-Konto überwiesen.

Betrag schnell unter Mitreisenden aufteilen

Möchten Sie eine Ausgabe, etwa eines gemeinsamen Restaurantbesuchs, unter Mitreisenden aufteilen, dann bietet Paypal dazu eine etwas versteckte, dafür bequeme und gebührenfreie Möglichkeit. Die Voraussetzung ist auch hier, dass jeder Beteiligte ein Paypal-Konto besitzt. Sie finden diese Funktion in der *unteren Leiste* unter *Anfordern* und im folgenden Fenster unter *Mehr Zahlungsmöglichkeiten für Ihre Kunden* auf *Rechnung aufteilen*.

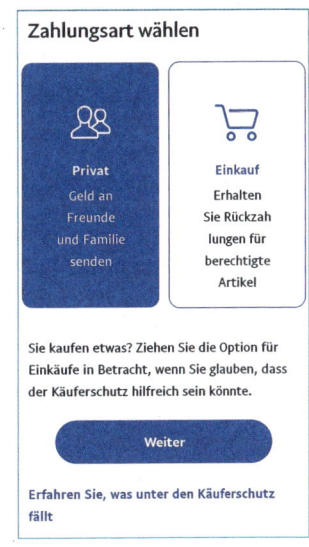

→ **Paydirekt (Giropay)**

Hervorgegangen aus Kwitt und vereint mit Paydirekt ist seit Mitte Mai 2021 der gemeinsame Bezahldienst vieler deutscher Banken: Giropay. Wie mit Paypal lässt sich Giropay als Zahlungsdienstleister für Onlinekäufe nutzen. Auch können Sie mit der App „Paydirekt" Geldbeträge direkt an Mitreisende schicken. Giropay muss zunächst bei der eigenen Bank eingerichtet werden. (Android/iOS)

Hanseatic Bank Mobile: Kostenlose Kreditkarte nutzen und verwalten

Android

iOS

Auf Reisen ist eine Kreditkarte ein oft unverzichtbares Zahlungsmittel, mit dem man nahezu weltweit bezahlen kann. Kreditkarten sind mittlerweile eng verbunden mit dem Smartphone. So lassen sich viele von ihnen für das kontaktlose Bezahlen mit Google Pay und Apple Pay verwenden. Zudem kann man per App der jeweiligen Bank den Kontostand einsehen sowie die Einstellungen der Karte ändern oder sie sperren.

Günstige Kreditkarten für Reisende

Preiswerte Kreditkarten für Reisende sind laut Finanztest 3/2021 die Hanseatic Bank Genialcard, Barcleycard Visa, Paysol Deutsche Kreditkarte Classic, ICS Visa World Card sowie die DKB Visa-Card mit kostenlosem Girokonto. Für sie fallen keine Jahresgebühren an. Über ein beliebiges Girokonto lassen sich die Zahlungen mit der Kreditkarte begleichen. Daher ist man nicht von der Bank abhängig, bei der man ein Girokonto hat. Bis auf die ICS Visa World Card lassen sich alle Karten auch mit Google Pay und Apple Pay nutzen

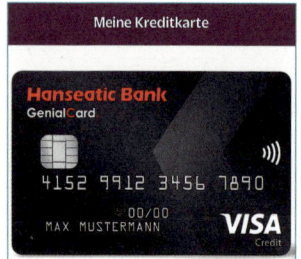

Zahlen Sie mit der Hanseatic Genialcard oder kontaktlos mit dem Smartphone, fallen für Fremdwährungen keine Kosten für den Umrechnungskurs an. Zudem können Sie im Ausland kostenlos per Karte Geld abheben (ICS Visa World Card nur in Europa kostenlos), sofern der Bankautomatenbetreiber keine Gebühren verlangt. Die Genial Card der Hanseatic Bank steht stellvertretend für die günstigen Kreditkarten, deren Einstellungen sich über eine jeweils eigene App anpassen lassen. Nur Paysol, die zur Hanseatic Bank gehört, bietet keine eigene App für das Verwalten der Kreditkarte an.

Ratenzahlung verursacht Kosten

Bei vielen kostenlosen Kreditkarten, so auch bei der Hanseatic Bank Genialcard, sind Teilzahlungen voreingestellt. Der ausgegebene Betrag wird in diesem Fall in Raten von dem angegebenen Girokonto ausgeglichen. Die ersten drei Monatsraten sind bei der Hanseatic Bank kostenlos. Danach wird ein effektiver Jahreszins von 13,6 Prozent berechnet. Vermeiden lässt sich das, indem Sie die gesamte Summe abbuchen lassen. Als Besitzer einer Hanseatic Bank Genialcard tippen Sie dazu in der App auf *Hanseatic Bank Mobile* und wählen unter *Karten- und Kontoservice* den Punkt *Meine Rate*. Wählen Sie 100 Prozent statt den vorgegebenen drei Prozent. Über *Karte freischalten* können Sie zum Beispiel das Bezahlen von Online-Einkäufen oder das Abheben an Geldautomaten deaktivieren oder aktivieren. Zudem lässt sich die Karte sperren, sollten Sie diese verloren haben.

→ **Klarna**

Bekannt ist Klarna den meisten als Bezahldienstleister für Online-Einkäufe. Die schwedische Bank bietet zudem eine kostenlose Visa-Kreditkarte an, die man mit Google Pay und Apple Pay zum Zahlen verwenden kann. Die Einschränkung gegenüber anderen Kreditkarten ist, dass man kein Bargeld abheben kann, dafür fallen keine Wechselkurszuschläge an. (Android/iOS)

→ **Barclaycard**

Ebenfalls kostenlos ist die Visa-Karte von Barclaycard, die sich mit Google Pay und Apple Pay verwenden lässt. Im Ausland fallen ebenfalls keine Umrechnungsgebühren an, wenn Sie in einer Fremdwährung bezahlen. (Android/iOS)

Unterkunft finden

Mit Apps von Vergleichsportalen finden Sie die passende Unterkunft wie Pauschalreisen, Hotels oder Ferienwohnungen, oft auch kurzfristig. Sie können dabei von den Bewertungen anderer Urlauber profitieren. Ihr Hotel soll direkt am Strand liegen und ein gutes Sportangebot bieten? Nach diesen Merkmalen können Sie die Angebote ebenso durchsuchen wie nach Preisniveau und Ausstattung der Zimmer. Die Portale dienen zudem für Inspirationen, wohin die nächste Reise gehen kann.

Urlaub auf der Couch buchen

Rund die Hälfte aller Urlauber informiert sich vorab mit dem Smartphone über eine Urlaubsreise, knapp ein Viertel buchen sie mit dem mobilen Gerät. So eine Studie von 2019 des Verbandes Internet Reisevertrieb. Bekannte Vergleichsportale wie auch die Reiseveranstalter selbst bieten dazu funktionale und leicht bedienbare Apps an.

Mehrere Apps nutzen und vergleichen

Die Reise-Apps überschneiden und ergänzen sich in ihren Angeboten. Meist lassen sich Hotels, Pauschalreisen oder Flüge, manchmal sogar Kreuzfahrten buchen. Daher lohnt es sich, auch mit anderen Vergleichsportalen zu suchen. Ist ein interessantes Hotel oder passende Ferienwohnung bereits belegt, hilft es, direkt beim Anbieter nachzufragen.

Reiseversicherung lieber extra buchen

Viele Reiseportale bieten im Laufe des Buchungsprozesses die Option an, verschiedene Reiseversicherungen abzuschließen. In den meisten Fällen ist es jedoch günstiger, eine Versicherung separat zu buchen. Achten Sie auch auf kostenlose Stornomöglichkeiten, nach denen Sie auf vielen Reiseportalen gezielt suchen können.

FeWo-direkt: Ferienwohnung oder -haus mieten

Android

iOS

In unserem Test der Portale für Ferienunterkünfte (test 1/2020) überzeugten FeWo-direkt und Airbnb jeweils mit der Note gut (2,4). Das Vermittlungsportal FeWo-direkt kann auf über zwei Millionen Unterkünfte in 190 Ländern verweisen. Mit der App von FeWo-direkt können Sie nach Ferienwohnungen suchen und problemlos sofort buchen. Die App bietet auch Reiseführer, Empfehlungen basierend auf Ihrer Recherche sowie Inspirationen zu weiteren Orten.

Übersichtliche Suche

Im *Suchfeld* geben Sie zunächst ein Land, eine Region oder den gewünschten Ort ein, zu denen Sie reisen möchten. Die App wechselt zur *Kalenderansicht*, in der Sie den Zeitraum der Reise bestimmen. Sie können auf Wunsch auch ohne Datumsangabe weitersuchen. Im weiteren Schritt geben Sie die Anzahl der Reisenden an. Mithilfe zahlreicher Filter schränken Sie die Treffer nach Ihren Wünschen ein. Das Ergebnis zeigt FeWo-direkt Ihnen in einer Liste an. Tippen Sie dann auf ein Objekt, erhalten Sie sämtliche Detailinfos wie Fotos, Ausstattung, Bewertungen. Ist eine gewünschte Ferienunterkunft dabei, können Sie es mit *Weiter zur Buchung* mieten. Achten Sie unbedingt auf die Stornierungsbedingungen, sie unterscheiden sich je nach Objekt.

Reiseplaner auch für Mitreisende

Über die *drei Striche oben links* rufen Sie den *Mitgliederbereich* auf, sofern Sie sich eingeloggt haben. Die interessantesten Unterkünfte lassen sich über das *Herz-Symbol* dem *Planer* zufügen. Diese Unterkünfte können Sie mit anderen Personen teilen, die ebenfalls ein Konto bei FeWo-direkt besitzen. Unter *Reisen* finden Sie alle bereits gebuchten Unterkünfte. Im *Postfach* sind zudem sämtliche Nachrichten, die Sie unter anderem mit Vermietern ausgetauscht haben, gespeichert. Diese App eignet sich auch sehr gut für die Vorauswahl, wenn Sie später für weitere Aktionen zum Beispiel ein Notebook nutzen. Dann können Sie sich im Internet unter www.fewo-direkt.de anmelden. Dort finden Sie all Ihre Buchungen, Nachrichten und die im *Planer* gespeicherten Unterkünfte.

→ **HomeToGo**

Die nach eigenen Angaben weltweit größte Suchmaschine für Ferienhäuser findet Angebote von Partnern wie etwa FeWo-direkt, booking.com oder Airbnb. Praktisch: Für die Suche lässt sich der An- und Abreisetag um bis zu drei Tage variieren. Wie bei FeWo-direkt können Sie Favoriten einer Merkliste zufügen und auf anderen Geräten betrachten, sofern Sie sich registriert und angemeldet haben. (Android/iOS)

→ **Airbnb**

Dieses Vermittlungsportal zeigt Angebote von überwiegend privaten Vermietern, die oft günstiger sind als Angebote auf anderen Portalen. So findet man beispielsweise in Venedig zwar weniger, dafür deutlich preiswertere Unterkünfte im Vergleich zu Expedia oder booking.com. Allerdings unterscheiden sich die Angebote bezüglich Ausstattung und Lage, daher ist Airbnb eine Ergänzung für preisbewusste Reisende. (Android/iOS)

Expedia:
Günstige Hotels finden

Android

iOS

Statt einer Pauschalreise können Sie die Anreise und die Unterkunft getrennt suchen. Planen Sie spontan ein verlängertes Wochenende in einer anderen Stadt, dann helfen Vergleichsportale wie Expedia, die den Schwerpunkt auf die Hotelsuche legen. Expedia belegt in unserem Test der Ausgabe test 1/2020 den ersten Platz – vor booking.com und Hotels.com.

Hotelzimmer finden

Tippen Sie in der Android-App auf der Startseite auf das *Suchfeld*, um zwischen Unterkünfte, Flüge, Flug+Hotel und Mietwagen sowie Events & Tickets zu wählen. Diese Auswahl zeigt die iOS-App übrigens direkt an. Die Stärke von Expedia ist die Suche nach Hotels. Wählen Sie dazu *Unterkünfte*, geben den gewünschten Ort, das Reisedatum und die Anzahl der Reisenden an. Tippen Sie auf *Suche*. Es erscheint eine zweigeteilte Ansicht mit einer Karte und einer Liste der gefundenen Unterkünfte. Sie können sich eine Gesamtansicht der Karte anzeigen lassen oder das Suchergebnis filtern. Dazu stehen Ihnen Auswahlkriterien wie *Gästebewertung*, *Entfernung zum Stadtzentrum* oder *Preise* zur Verfügung. Auch Ausstattungsmerkmale wie etwa *Barrierefreiheit der Unterkunft* lassen sich auswählen. Praktisch: Es werden auf der Karte Hotels angezeigt, deren Kontingente für Expedia aufgebraucht sind. Bei Interesse kann es sich lohnen, direkt bei dem Hotel nach einem freien Zimmer zu fragen.

Kostenlose Stornierung nicht immer möglich

Die Stornierungsbedingungen unterscheiden sich je nach Unterkunft. Im Filter können Sie daher nur nach Unterkünften suchen, die eine kostenlose Stornierung gestatten. Finden Sie ein interessantes Objekt, dann lesen Sie genau die Ausstattungsdetails durch. Beispielsweise muss man sich bei einigen günstigen Unterkünften in Venedig das Bad mit anderen Gästen teilen.

Sind Sie als Benutzer angemeldet, dann können Sie die interessantesten Treffer über ein *Herz-Symbol* als Favorit speichern. Der Wermutstropfen: Bisher lassen sich die Favoriten nur über die Webversion (www.expedia.de) aufrufen, nicht aber mit der App. Möchten Sie sofort buchen, dann benötigen Sie eine Kreditkarte. Andere Zahlungsarten bietet Expedia nicht an.

→ **Booking.com**

Für Privat- oder Geschäftsreisen können Sie auf booking.com nach Hotels oder anderen Unterkünften suchen. Auch kurzfristige Buchungen am selben Abend sind wie bei Expedia möglich. Booking.com bietet in Deutschland oft eine größere Auswahl als Expedia oder Hotels.com. Für das Zahlen oder Reservieren benötigen Sie meist eine Kreditkarte. Je nach Unterkunft ist auch eine Bezahlung vor Ort oder per Überweisung möglich. (Android/iOS)

→ **Hotels.com**

Für Vielreisende kann Hotels.com interessant sein. Nach zehn gebuchten Übernachtungen erhält man die elfte Übernachtung kostenlos. Hotels.com findet dieselben Hotels wie Expedia. Zum Reservieren benötigen Sie eine Kreditkarte, zahlen können Sie meist vor Ort. (Android/iOS)

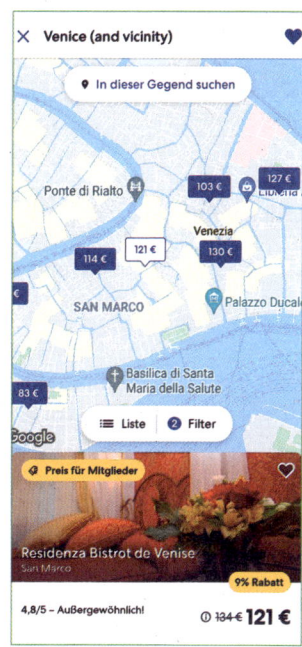

Check24 Reisen: Pauschalreisen finden

Android

iOS

Das Reise-Vergleichsportal von Check24 sucht neben Pauschalreisen auch nach Flug, Hotel, Ferienwohnung und Mietwagen. Empfehlenswert ist dieses Portal für Pauschalreisen, die es aus den Angeboten von über 70 Veranstaltern findet. Die günstigsten Anbieter von Pauschalreisen waren laut test 1/2018 die ebenfalls vertretenen Reiseunternehmen Schauinsland-Reisen, FTI und Neckermann, den höchsten Zufriedenheitswert erreichte TUI.

Anregungen und Angebote auf der Startseite

Wählen Sie *Reisen*, dann erscheint zunächst ein Suchfeld, in dem Sie unter anderem das Ziel und den Zeitraum der Reise angeben können. Beliebte Reiseziele, aktuelle Hotelempfehlungen und weitere Ratgeber wie ein Reisekalender oder das Magazin Reisewelt erscheinen, wenn Sie *von unten nach oben wischen*. Hier können Sie sich Anregungen für eine künftige Reise holen.

Reise suchen

Für das Ziel Ihrer Reise lässt sich außer dem Ort auch nach einem Land oder einer Region suchen. Nachdem Sie dann den Abflughafen, den Zeitraum und die Anzahl der Reisenden angegeben haben, können Sie die Suche starten. Die Ergebnisse lassen sich über *Filter* einschränken, beispielsweise auf alle kostenlos stornierbaren All-Inclusiv-Angebote mit direkter Strandlage. Eine barrierefreie Unterkunft finden Sie im Filter-Fenster beispielsweise mit dem Suchbegriff „barrierefrei".
Die Suchergebnisse lassen sich als Liste nach Preis, Beliebtheit oder Gästebewertung sortieren oder auf einer Landkarte anzeigen. Interessante Treffer können Sie über ein *Herz-Symbol* speichern und

  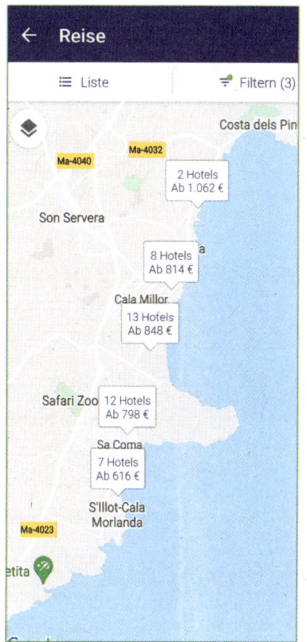

auch an einem Desktop-Rechner aufrufen, sofern Sie sich kostenlos registriert haben. Die Reise lässt sich zudem über die App buchen. Bezahlen können Sie mit Kreditkarte, auf Rechnung oder per Sofortüberweisung.

→ **Weg.de**

Außer Pauschalreisen können Sie Flüge, Flüge und Hotel oder nur Hotelübernachtungen buchen. Aus über hundert Reiseveranstaltern sucht das Vergleichsportal Weg.de Angebote für Pauschalreisen. Praktisch: Eine Buchung können Sie außer mit Kreditkarte per Sofort-Überweisung, Paypal oder normaler Überweisung bezahlen. (Android/iOS)

Holidaycheck: Urlauber bewerten Pauschalreisen und Hotels

Android

iOS

Auf dem Portal Holidaycheck teilen Urlauber ihre Eindrücke. So erfahren Sie die Meinung anderer Reisenden zum Beispiel über ihren zurückliegenden Hotelaufenthalt. Deren Bewertungen können stark variieren: Manche sind enttäuscht, andere dagegen rundum zufrieden. Leider gibt es mitunter auch manipulierte Bewertungen, die Booking.com und andere Portale größtenteils herausfischen.

Reiseanregungen holen und Reise finden

Auf dem Startbildschirm können Sie direkt nach einem bestimmten Hotel, einem Ort, Region oder Land suchen. Geben Sie beispielsweise „Spanien" ein, werden Ihnen Hunderte Ergebnisse angezeigt. Aus dem Angebot der über 60 Reiseveranstalter sucht Holidaycheck passende Reisen. Sie können die Auswahl über das *Filter-Symbol* oben rechts detailliert eingrenzen. So lässt sich beispielsweise unter *Reiseart* entweder nach einer *Pauschalreise* oder *Nur Hotel* filtern und der *Reisezeitraum* angegeben werden. Unter *Zimmer* können Sie Extrawünsche wie *barrierefreies Zimmer* oder *Allergikerzimmer* anklicken. Die nach Ihren Wünschen eingegrenzte Auswahl lässt sich nach Bewertung, Preis oder Bestseller sortieren. Die Sortiermöglichkeiten befinden sich etwas versteckt im unteren Drittel des Filter-Menüs unter *Sortieren nach*.

Bewertungen sortieren

Tippen Sie auf ein interessantes Angebot aus der Liste, dann erhalten Sie detaillierte Infos zum Hotel und können meist umfangreiche Fotos der Anlage betrachten. Die Stärke von Holidaycheck ist die hohe Anzahl an Bewertungen, die in sechs Kategorien per Sterne vergeben werden kann. Dazu wischen Sie etwas weiter nach unten und tippen auf *Bewertungen*, um allein eine Ansicht der Kundenbewertungen zu erhalten. Über das *Filter-Symbol* lassen sich die oft Tausenden von Bewertungen zu einem Hotel sortieren. Hilfreich ist es, ein Muster mehrerer negativer sowie positiver Kritiken zu erkennen, um so einen realistischen Eindruck gewinnen zu können.

Reise buchen

Möchten Sie ein Hotel oder eine Pauschalreise buchen, dann können Sie nach verschiedenen Optionen und Reiseveranstaltern auswählen. Holidaycheck vermittelt je nach Angebot Reisen und Hotels, tritt aber auch selbst als Reiseveranstalter auf – das ist schon vor dem Buchen vermerkt. Nachdem Sie auf *Angebot prüfen* getippt haben, sucht Holidaycheck nach der Verfügbarkeit und blendet noch vor dem Buchen ein, auf welche Weise Sie bezahlen können.

→ **Tripadvisor**

Das US-amerikanische Portal bietet wie Holidaycheck viele Bewertungen von Gästen und Kunden an. Neben Hotelbewertungen finden Sie auch Bewertungen für Restaurants und Unternehmungen wie Stadtführungen oder Ausflüge. Nützlich ist ein großes Forum, in dem sich Nutzerinnen und Nutzer untereinander austauschen können. (Android/iOS)

Secret Escapes: Last-Minute-Luxusreisen

Android

iOS

Sind Sie spontan und flexibel? Dann können Sie auf Secret Escapes manche Luxus-Herberge um bis zu 70 Prozent günstiger ergattern. Das Schnäppchen-Portal handelt laut eigener Aussage günstige Preise mit „handerlesenen" Hotels ab einer Vier-Sterne-Kategorie und Ressorts aus, die kurzfristig freie Zimmer anbieten. Zudem lassen sich Urlaube buchen, die erst zu einer späteren Zeit stattfinden – allerdings mit geringerem Preisvorteil. Neben Hotelzimmern können Sie kurzfristig auch komplette Pauschalreisen buchen. Für reine Hotelaufenthalte fungiert Secret Escapes als Vermittler zwischen Ihnen und dem Hotel. Für einige Pauschalreisen ist Secret Escapes selbst der Reiseanbieter. In der Buchungsbestätigung erhalten Sie die Information, wer der Reiseanbieter ist. Angebote, die mit dem grünen Etikett „Stornierbar" markiert sind, lassen sich bis zu 60 Tage vor Antritt der Reise kostenlos stornieren. Achten Sie bei den anderen Angeboten auf die Stornierungsbedingungen.

Angebote nur für Mitglieder

Erst nachdem Sie sich kostenlos angemeldet haben, lassen sich die Angebote durchforsten und buchen. Registrieren können Sie sich entweder per E-Mail und eigenem Passwort und über ein Google- oder Facebook-Konto. Ist die Anmeldung erfolgt, erscheint eine Liste mit Empfehlungen. Wischen Sie weiter nach unten, dann können Sie unter anderem eine *Karte mit Angeboten* in Ihrer Nähe aufrufen. Außerdem lassen sich die Angebote nach Kategorien wie etwa „Urbane Abenteuer", „Strandurlaub" oder „Luxus pur" durchstöbern. Interessante Angebote können Sie als Favoriten speichern.

Urlaubsschnäppchen finden und buchen

Über das *Finden-Symbol* in der unteren Leiste der Startseite lassen sich die Angebote in den vier Kategorien *Urlaubstyp*, *Reiseziel*, *Reisedaten* und *Reiseart* nach eigenen Wünschen eingrenzen. Praktisch: Die App zeigt die Zahl aller Angebote an, die den Filterkriterien entsprechen. Möchten Sie ein Angebot buchen, dann tippen Sie auf *Angebot ansehen*. Im weiteren Schritt lassen sich abhängig vom Angebot der Abflughafen und die Zimmerkategorie ändern. Wählen Sie das passende Angebot aus, erscheint ein *Kalender*, auf dem die freien Termine markiert sind. Nach diesem Schritt gelangen Sie zur Buchungsseite. Zahlen können Sie mit Kreditkarte, mit Paypal, per Sofort-Überweisung, per Lastschrift oder auf Rechnung.

→ **Urlaubspiraten**

Ein Redaktionsteam (nach eigenen Angaben eines der größten europäischen Reiseportale) sucht nach Urlaubsangeboten. Über einen Filter können Sie die Art der Urlaubspiraten-Angebote eingrenzen, etwa in Unterkunft, Reisen und Kreuzfahrten. Unter der Kategorie „Inspiration" finden Sie ein empfehlenswertes Reisemagazin. Das Portal ist Vermittler und leitet die Angebote zum Buchen auf die Internetseite des jeweiligen Anbieters. (Android/iOS)

→ **Urlaubsguru**

Das Redaktionsteam des Reiseportals sucht nach interessanten Urlaubsschnäppchen bei diversen Portalen und Anbietern, darunter auch Secret Escapes. Interessante Angebote lassen sich auf einen Merkzettel speichern. Zur Buchung leitet Urlaubsguru auf die jeweilige Internetseite weiter. (Android/iOS)

Per Flug, Bahn und Co zum Urlaubsort

Nahezu alle bekannten Vergleichsportale bieten Apps an, über die Sie flexibel am Smartphone die passende Anreise zu Ihrem Urlaubsort planen, vergleichen und buchen können. Für längere Strecken ist die Flugreise beliebt. Für mittlere Strecken sind Bahn und Bus oft attraktive Alternativen.

Günstig zum Reiseziel

Sie finden für fast jede Strecke eine geeignete und günstige Verbindung, vom kurzen Wochenendtrip bis zur Fernreise. Diese vier Tipps helfen Ihnen, das passende Angebot aufzuspüren:

1. **Portale vergleichen:** Auf den gängigen Reiseportalen erhalten Sie Angebote zu Flug, Mietauto, Unterkunft bis hin zu einem Pauschalurlaub. Es lohnt sich, mehrere Reiseportale zu durchsuchen.
2. **Versteckte Kosten entdecken:** Bei Flügen kann es zu Zusatzkosten kommen, etwa für das Aufgeben von Gepäck. Auch bei Zugverbindungen müssen Sie Sitzplatzreservierungen extra zahlen.
3. **Umbuchung beachten:** Bei den günstigsten Angeboten müssen Sie oft auf die Möglichkeit einer kostenlosen Umbuchung verzichten. Können Sie Ihre Reisezeit nicht sicher planen, lohnt sich ein teureres Angebot, es bietet hier mehr Flexibilität.
4. **Tickets sichern:** Die Fahrausweise für Flug, Bahn oder Fährverbindungen sind überwiegend digital. Sie zeigen bei Kontrollen lediglich den Beleg auf Ihrem Smartphone vor. Achten Sie dennoch genau darauf, ob Sie ein Ticket ausdrucken müssen. Es ist in jedem Fall empfehlenswert, die Tickets in Papierform einzupacken – sicher ist sicher.

Omio: Günstige Verbindungen mit Bahn oder Bus finden

Android

iOS

Für kürzere oder mittlere Strecken sind Bahn und Bus attraktive Alternativen zu einer Flugverbindung. Mitunter reisen Sie mit der Bahn nicht nur umweltschonender und günstiger, sondern auch schneller und bequemer im Vergleich zu einem Flug. Die App Omio (ehemals GoEuro) findet passende Verbindungen aus über tausend Transportanbietern, unter anderem der Deutschen Bahn (DB). Die Verbindungsmöglichkeiten von Omnio geht über Europa hinaus und umfasst unter anderem auch Verbindungen in den USA oder Kanada. Sogar Fähren lassen sich buchen. Doch für diesen Zweck sind spezialisierte Apps beziehungsweise das direkte Buchen beim Fährunternehmen empfehlenswerter.

Reise buchen

Im Fenster *Wo soll´s hingehen* wählen Sie zunächst die Anzahl der Reisenden aus, indem Sie auf das kleine *Personen-Icon* tippen. Zur Auswahl stehen Erwachsener, Jugendliche/r und Senior. Besitzen Sie oder Mitreisende eine Bahncard, dann können Sie diese angeben. Ähnliche Rabatte lassen sich auch für die österreichische, schweizerische und niederländische Bahn zufügen. Eine Sitzplatzreservierung ist dann möglich, wenn der Anbieter sie als Option aufführt.

Wählen Sie danach den Start- und Zielpunkt sowie den gewünschten Zeitraum. Geben Sie beispielsweise „München" ein, schlägt die App passende Startpunkte wie „München Hbf" vor. Leider lässt sich der Standpunkt nicht auf einer Landkarte bestimmen. So sollte man beispielsweise vorab wissen, dass sich der Bahnhof Venedig Mestre auf dem Festland befindet. Der Bahnhof Santa Lucia liegt hingegen auf der Insel.

Im Suchergebnis wählen Sie zunächst die gewünschte Hinfahrt, danach die Rückfahrt. Das Suchergebnis können Sie über das *Regler-Icon* auf der rechten Seite der Trefferliste eingrenzen, zum Beispiel auf maximal einmal Umsteigen. Auch die Sortierreihenfolge der Treffer lässt sich ändern und etwa der günstigste Preis zuerst zeigen. Die Optionen für ein Ticket können Sie noch ändern, um beispielsweise für eine Fahrt mit der DB statt eines „Super Sparpreises" einen „Flexpreis" zu wählen. Auch eine Sitzplatzreservierung lässt sich vornehmen, sogar mit konkretem Sitzplatzwunsch. Für manche Zugverbindungen müssen Sie das Ticket ausdrucken. Für Fahrten mit der DB ist das nicht nötig.

→ **Trainline**

Die empfehlenswerteste Alternative zu Omio für Bahn- und Busreisen in Europa ist Trainline. Die Bedienung ist ähnlich komfortabel, Bonuskarten und Gutscheine lassen sich hinzufügen. (Android/iOS)

→ **DB Navigator**

Zugreisen sowie Fahrkarten für den Nahverkehr lassen sich direkt über die App der Deutschen Bundesbahn buchen. Die Bedienung ist anfangs kompliziert, dafür werden aktuelle Meldungen über Behinderungen angezeigt. (Android/iOS)

→ **SNCB International**

Die Nationale Gesellschaft der Belgischen Eisenbahnen bietet mit ihrer App die Möglichkeit, europaweit Bahnreisen zu buchen. Für die DB lässt sich keine Bahncard angeben. (Android/iOS)

Swoodo: Flüge zum Tiefpreis finden

Android

iOS

Swoodo vergleicht auf über 100 Webseiten die Flugpreise. Dazu zählen neben Billiganbietern wie Eurowings oder Tuifly auch weitere Vergleichsportale wie Expedia oder Lastminute.de. Die endgültigen Preise zeigt Swoodo bereits vor dem Buchen an. Für Hin- und Rückflug kann es vorkommen, dass Swoodo zu zwei Anbietern weiterleitet. Möchten Sie einen Flug buchen, leitet Swoodo zu dem gefundenen Anbieter weiter. Dort haben Sie meist die Möglichkeit, einen anderen Tarif mit Zusatzleistungen zu wählen. Praktisch: Unter *Flugstatus* können Sie die aktuellen Ab- und Ankunftszeiten für beliebige Flughäfen ansehen.

Passenden Flug finden

1. **Tippen Sie** auf der *Startseite* von Swoodo auf das *Flugzeug-Symbol* und danach auf das Suchen-Feld *Flug finden*.
2. **Geben Sie** für *Hin & zurück* den Abflug- und Zielflughafen an. Alternativ können Sie einen einfachen Flug buchen. Planen Sie eine Rundreise, lässt sich unter *Multi-Stopp* beispielsweise der Rückflug aus einer anderen Stadt wählen.
3. **Wählen Sie** im *Kalender* den Tag für den Hin- und Rückflug. Der Kalender zeigt farblich die Tage an, an denen die Flüge besonders günstig beziehungsweise teuer sind. Sollten Sie die Reise flexibel planen können, dann lässt sich so sparen.
4. **Unter „Optionen"** geben Sie die Anzahl der Reisenden sowie die Klasse an. Ausgewählt ist Economy. Zudem lassen sich die Gepäckstücke angeben, die Sie aufgeben möchten. Unter *Alle Stops* können Sie nur nach Angeboten mit Direktflug suchen lassen.

❺ **Nachdem Sie** auf *Flüge suchen* getippt haben, erscheint eine Liste mit den Angeboten. Unter *Filter* lassen sich zusätzlich die Tageszeiten für den Hin- und Rückflug angeben.

Günstigsten Flug für flexible Kurztrips

Swoodo eignet sich hervorragend, wenn Sie flexibel nach der Flugzeit und dem Ziel suchen. Tippen Sie auf der Startseite der App auf das *Flieger-Symbol*, um die Suche nach einem Flug zu starten. Über eine Landkarte lassen sich die möglichen Destinationen und die Flugpreise anzeigen. Wischen Sie dazu nach unten, bis unter *Ab (Ihr Ort) suchen* das *Landkarten-Symbol* erscheint. Tippen Sie auf die *Landkarte*, um sie groß darzustellen. Per *Tipper auf den angezeigten Zielort* erhalten Sie mehr Informationen, etwa die günstigste Zeit für eine Reise.

→ **Momondo**

Wie Swoodo, handelt es sich bei Momondo um ein Vergleichsportal, das Sie zu den günstigsten Anbietern weiterleitet. Bedienung und Ergebnisse ähneln sehr Swoodo. (Android/iOS)

→ **Fluege.de**

Stiftung Warentest hat in der Vergangenheit das Vergleichsportal speziell für Flüge wegen mangelnder Preistransparenz kritisiert. Mittlerweile zeigt Fluege.de die endgültigen Preise bereits vor dem Buchen an. Doch die günstigsten Angebote erhalten Sie nach wie vor nur, wenn Sie mit der kostenlosen Kreditkarte Fluege.de Mastercard Gold bezahlen. (Android/iOS)

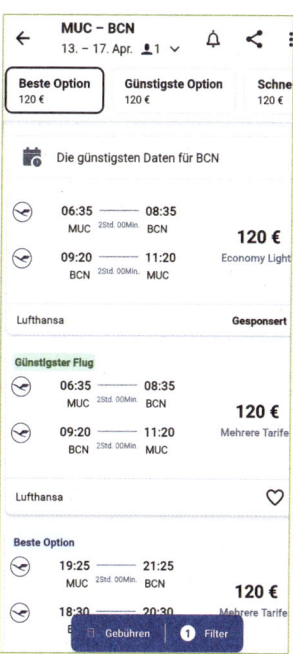

Holidayextras: Günstigen Parkplatz in Flughafennähe finden

Android

iOS

Der Flug ist gebucht, doch wie kommen Sie zum Flughafen? Die bequemste Möglichkeit bietet der eigene Pkw. Diesen Komfort müssen Sie meist teuer bezahlen, denn die Parkgebühren am Flughafen sind oft sehr hoch. Auch eine Anfahrt mit dem Taxi kann ein kostspieliges Vergnügen sein. Eine Lösung sind Parkplätze in der Nähe des Flughafens. Als Spezialist von Zusatzleistungen für Flüge sind die drei Dienste „Parken am Flughafen", „Hotels mit & ohne Parken" sowie „Airport Lounges" die Stärken dieses Anbieters. Unter anderem können Sie Parkplätze am oder in der Nähe vieler deutscher Flughäfen sowie einigen europäischen Flughäfen buchen.

Flughafen-Parkplätze mit Shuttleservice finden

Auf der Hauptseite der App erscheint die Buchungsmöglichkeit eines Parkplatzes am Flughafen sehr prominent. Starten Sie die Suche nach einem Parkplatz. Nachdem Sie den *Flughafen* und die *Zeit* gewählt und auf *Suchen* getippt haben, erscheint eine Liste der gefundenen Parkplatzbetreiber. Die meisten davon bieten einen Shuttleservice, der in der Regel alle 20 bis 30 Minuten fährt.
Tipp: Gegen Aufpreis können Sie bei manchen Anbietern den Pkw direkt am Terminal einem Mitarbeiter des Parkplatzbetreibers übergeben. Zudem finden Sie je nach Abflugort bezahlbare Parkplätze direkt am Flughafen, beispielsweise in Hamburg, Dresden oder Düsseldorf. Unter *Info* erhalten Sie die eine detaillierte Beschreibung des Angebots, die Lage des Parkplatzes sowie Bewertungen anderer Kunden.

Alle Angebote sind auch kurz vor der Reise noch kostenlos stornierbar. Zu jedem Parkplatz können Sie zwei Pakete dazu buchen: Airhelp+ ist ein Service, der bei Flugausfällen oder -verspätungen zwischen Ihnen und der Fluggesellschaft vermittelt und Entschädigungen aushandeln soll. Das zusätzliche 14-Tage Sicherheitsnetz bewahrt vor Überziehungsgebühren, sollten Sie aus einem akuten Grund erst verspätet zurückreisen können.

Vor dem Flug übernachten

Geht Ihr Flug schon sehr früh, dann können Sie zudem unter *Hotel mit & ohne Parken* eine Übernachtung zusammen mit einem Parkplatz Ihrer Reisedauer buchen. Nach der Übernachtung bringt Sie ein Shuttleservice zum Flughafen. Die Option *Airport Lounges* ist interessant, wenn Sie einen Flug mit Zwischenstopp antreten. Der Stopp lässt sich dann in einer Lounge angenehmer verbringen als im Wartebereich.

→ **McParking**

Der Parkplatzbetreiber McParking bietet Stellplätze in einem Parkhaus beim Flughafen Berlin Brandenburg an. Über eine eigene App nutzt der Anbieter die Suchfunktion von Holidayextras. (Android/iOS)

→ **Parkos**

Parkos gibt es nur über einen Webbrowser. Sie finden den Anbieter unter www.parkos.de. Er ist eine Alternative zu Holidayextras. (Android/iOS)

Blablacars: Mitfahrgelegenheiten anbieten oder finden

Android

iOS

Blablacar ist Deutschlands größter Vermittler von Mitfahrgelegenheiten – überwiegend im privaten Pkw. Darüber hinaus bietet das französische Unternehmen wie Flixbus ein eigenes Fernbusnetz an. Sie können entweder nach einer Mitfahrgelegenheit suchen oder selbst eine anbieten. Als Anbietender haben Sie die Wahl, ob Sie per Online-Überweisung oder in bar bezahlt werden möchten. Online-Zahlungen können Mitfahrende entweder per Kreditkarte oder Paypal begleichen.

Mitfahrgelegenheit finden

1. **Wählen Sie** *Suchen* und geben Sie die Start- und Zieladresse an. Blablacar wird später in den Ergebnissen angeben, wie weit der Treffpunkt von den Mitfahrgelegenheiten entfernt liegt.
2. **Geben Sie** das Datum und die Anzahl der Mitfahrenden an.
3. **Tippen Sie** auf *Suche*. In der Ergebnisliste sind neben den Mitfahrgelegenheiten auch die Verbindungen des Fernreisebusses von Blablacar aufgeführt.
4. **Unter** *Filter* lassen sich die Ergebnisse beispielsweise auf Direktverbindungen einschränken. Auf einer Direktverbindung kann es aber durchaus vorkommen, dass der Fahrer unterwegs weitere Mitfahrer aufnimmt und sich so die Fahrzeit verlängert.

Damit Sie die geeignete Mitfahrgelegenheit finden, sollten Sie das Profil des Fahrers sowie dessen Bewertungen ansehen, die er von anderen Mitfahrenden erhalten hat. So lässt sich zum Beispiel erkennen, ob er oder sie zuverlässig ist und eine angenehme Fahrweise hat. Zudem können Sie vor der Fahrt den Fahrer oder die Fahrerin kontaktieren, um eventuell den Abfahrtsort zu ändern.

Mitfahrgelegenheit anbieten

Möchten Sie eine Mitfahrgelegenheit anbieten, dann sollten Sie zunächst Ihr Profil vervollständigen. So können potenzielle Mitfahrende einen Eindruck von Ihnen gewinnen. Unter *Anbieten* geben Sie zunächst Start- und Zieladresse an. Zusätzlich lassen sich Zwischenstopps angeben, an denen Sie weitere Personen aufnehmen können. Danach folgen Angaben für Datum und Uhrzeit der Abfahrt und die maximale Anzahl der Passagiere. Sie haben zudem die Wahl, ob Mitfahrer direkt buchen oder Sie zunächst kontaktieren. Am Schluss legen Sie neben dem Betrag die Art der Bezahlung fest. Zurückliegende Fahrten können Sie duplizieren und erneut anbieten.

→ **Bessermitfahren.de**

Als „Mitfahrgelegenheit" finden Sie im Google Play Store die Android-App, für das iPhone heißt diese App „Bessermitfahren.de". Ohne Registrierung vermittelt der Dienst teilweise auch kostenlose Fahrten mit dem Pkw und der Bahn. Das Angebot ist allerdings gering. (Android/iOS)

→ **Mitfahrgelegenheit**

In Kooperation von ADAC und ride2go vermittelt die App „Mitfahrgelegenheit" direkt zwischen Fahrern und Mitfahrern. Interessant ist das Angebot vor allem für Pendler. (Android/iOS)

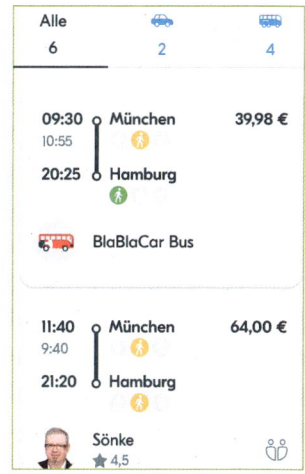

Ferryhopper: Inselhopping im Mittelmeer mit Auto oder Wohnmobil

Android

iOS

Bei einer längeren Autoreise können Sie eine Fähre als entspannte Auszeit nutzen und einige Zeit auf See genießen. Inseln erreichen Sie ohnehin nur über den Seeweg. Fährverbindungen gibt es reichlich, die auch Pkws mit oder ohne Wohnwagen sowie Wohnmobile übersetzen. Wenn Sie frühzeitig buchen, können Sie günstigere Preise ergattern. Buchen lassen sich die Überfahrten entweder direkt bei den Fährunternehmen oder über Buchungsportale, die Angebote mehrerer Fährunternehmen durchsuchen. Ferryhopper ist ein Buchungsportal, das auf Fähren im Mittelmeerraum und insbesondere auf Griechenland spezialisiert ist.

Passende Überfahrt finden

❶ **Wählen** Sie *Suche* und geben den Hafen an, von dem aus Sie starten möchten.
❷ **Tippen** Sie auf *Zielhafen*. Ferryhopper zeigt Ihnen nur passenden Verbindungen an.
❸ **Wählen** Sie das *Datum* für die Überfahrt an. Sollte an dem Tag keine Fähre ablegen, können Sie einen anderen Tag wählen.
❹ **Wählen** Sie die passende Fährverbindung aus der Trefferliste.
❺ **Geben** Sie die *Anzahl der Reisenden* sowie die *Art des Fahrzeugs* an. In einem späteren Schritt können Sie die *Maße des Fahrzeugs* eintragen sowie Sitzplätze oder Kabinen buchen.

Fahrzeug korrekt angeben

Die Maße des Fahrzeugs müssen Sie genau kennen, damit das System einen freien Platz sicher bestimmen kann. Ist beispielsweise für ein Wohnmobil kein Platz mehr vorhanden, lässt sich eine Überfahrt erst gar nicht buchen.

Schlafen und Essen an Bord

Fähren sind oft über Nacht unterwegs und bieten je nach Schiff unterschiedliche Schlaf- und Sitzmöglichkeiten an. Diese können Sie gleich beim Buchungsprozess auswählen. Einige Unternehmen ermöglichen es, Mahlzeiten im Voraus zu einem günstigeren Preis zu buchen. Reisen Sie mit Wohnwagen oder Wohnanhänger, können Sie darin auf vielen Schiffen im Mittelmeerraum übernachten. Erkundigen Sie sich direkt bei dem Unternehmen, ob auf Ihrer Fähre ein „Camping on Board" möglich ist.

→ **aFerry**

Auf dem Vergleichsportal können Sie nach weltweiten Fährverbindungen suchen, vergleichen und buchen. Die Oberfläche der App mag etwas altbacken wirken, ist aber funktional. (Android/iOS)

→ **Direct Ferrys**

Auch auf Direct Ferrys finden Sie weltweite Fährverbindungen. Die App ist modern und lässt sich leicht bedienen. Fährverbindungen werden übersichtlich angezeigt. (Android/iOS)

→ **Holidayextras**

Den Service von ADAC Fähre (http://adac-faehren.de) nutzt Holidayextras für das Buchen von europaweiten Fähren. ADAC-Mitglieder können so von Rabatten profitieren. (Android/iOS)

Camper auf Achse

Finden Sie mit Apps für Camper den besten Campingplatz oder einen legalen Nachtparkplatz für ein Wohnmobil. Kommen Sie mit einem Navi sicher ans Ziel, das die größeren Ausmaße eines Campers oder Pkw mit Wohnanhänger berücksichtigt. Mithilfe Ihres Smartphones können Sie zudem das Wohnmobil waagerecht ausrichten.

Entspannt in den Campingurlaub

Mit einem Wohnmobil reisen Sie frei und individuell, ohne auf Komfort zu verzichten. Die meisten Campingplätze bieten einen hohen Standard und viele Annehmlichkeiten, können aber in den meisten Fällen nicht spontan gebucht werden. Alternatives Naturcampen ist meist keine gute Idee. Zwar ist in Brandenburg und Mecklenburg-Vorpommern das Zelten für eine Nacht erlaubt. Im restlichen Teil Deutschlands gilt für Zelte und Wohnmobile größtenteils ein Wildcamping-Verbot. Achten Sie auf die lokalen Bestimmungen. In Belgien und den Niederlanden kann man etwa mit „paalkampering" um eigens dafür aufgestellte Pfähle herum zelten. In Schweden, Norwegen, Finnland und den baltischen Staaten gilt eingeschränktes Wildcampen.

Nur auf dafür ausgewiesenen Plätzen

Nutzen Sie für Übernachtungen am besten nur vorgesehene Stell- oder Campingplätze. Abwasser (sogenanntes Grauwasser) und Chemietoiletten müssen dort bei den dafür eingerichteten Entsorgungsstationen entleert werden. Mit Stellplatzführer-Apps finden Sie viele Plätze, auf denen Sie wenige Tage übernachten dürfen. Einige Anlagen bieten zudem Stellplätze für spontane Übernachtungen direkt vor ihren Toren an.

ADAC Camping: Der Klassiker unter den Stellplatzführern

Android

iOS

Rund 11 000 Campingplätze und 8 200 Stellplätze europaweit vereint das digitale Nachschlagewerk. Die meisten Anlagen wurden vom ADAC mit einer Fünfsterne-Skala bewertet nach den Kriterien Sanitär, Platz, Versorgung, Freizeit und Baden. Zudem gibt es eine meist ausführliche Platzbeschreibung sowie Kontaktdaten des Campingplatzes. Piktogramme zeigen das Angebot und die Ausstattung plakativ. Außer der ADAC-Bewertung können auch Benutzer Sterne vergeben und einen Bewertungstext eingeben. Da die App weit verbreitet ist, gibt es oft viele zusätzliche Benutzerwertungen. Zudem lassen sich zu jedem Platz eigene Notizen hinzufügen. Die App bietet eine digitale Version der Rabattkarte „ADAC Campcard" von Pincamp, dem Campingportal des ADAC. Für das laufende Jahr bis Ende Januar des Folgejahres erhalten Sie Vergünstigungen auf teilnehmenden Campingplätzen.

Campingplatz oder Stellplatz suchen

Auf der Startseite können Sie durch Zoomen und Verschieben der Karte die Region auswählen, in der Sie nach einem Stellplatz suchen. Campingplätze und Stellplätze zeigt die App nur auf einer jeweils eigenen Karte an. Die Ansicht können Sie nur auf der Startseite wechseln. Über *Suchkriterien* lassen sich die Treffer auf bestimmte Vorgaben eingrenzen. Dazu zählt neben einer Buchungsmöglichkeit auf Pincamp unter anderem die Gesamtwertung von ADAC, Preise sowie Kriterien zur Lage und Ausstattung des Camping- beziehungsweise Stellplatzes. Tipp: Suchen Sie beispielsweise nach einem Campingplatz als Übernachtungsmöglichkeit einer Reise, können Sie die Basiskriterien *Autobahnnaher Campingplatz* und *Übernachtung außerhalb möglich* wählen.

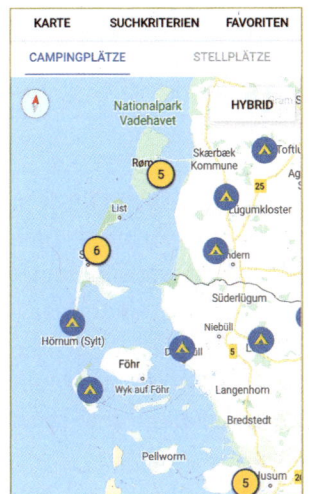  

Auch ohne Internet nutzbar

Die Route zu einem Camping- oder Stellplatz können Sie in der Einzelansicht über das *Pfeilspitzen-Symbol* starten. Dazu leitet die App Sie zu einer Navigations-App Ihrer Wahl weiter. Über ein *Herz-Symbol* lassen sich Ihre Lieblingsplätze unter den Favoriten hinzufügen. Ihre Favoriten sowie Informationen zu Plätzen können Sie bis auf die Nutzerbewertungen auch ohne Internetverbindung aufrufen.

→ **Stellplatz-Radar**

Über 23 000 europaweite Stell- und Campingplätze mit mehr als 150 000 Bewertungen findet die App des Camping-Magazins Promobil. In der kostenlosen Version können Sie nur mit bestehender Internet-Verbindung nach Plätzen suchen und detaillierte Informationen dazu aufrufen. Im Abo ab 1,99 Euro pro Monat lässt sich die App auch offline nutzen. Die Suche können Sie in der Bezahl-Version zudem nach mehreren Kriterien filtern und einer Favoritenliste zufügen. (Android/iOS)

Park4Night: Mit dem Wohnmobil flexibel campen

Android

iOS

Mit der App Park4Night finden Sie Stellplätze, die von Mitgliedern eingetragen und bewertet werden. Doch Vorsicht: Es sind viele freie Plätze aufgeführt, auf denen das Übernachten bestenfalls geduldet ist. Diese Parkplätze sollten Sie nur als Parkplatz für einen Tagesausflug nutzen. Ausnahme: Zur Wiederherstellung der Fahrtüchtigkeit auf längeren Strecken dürfen Sie für eine Nacht im Camper auf öffentlichen Parkplätzen übernachten. Sie dürfen dann aber keine Tische und Stühle aufbauen oder die Markise ausfahren.

Doch Park4Night zeigt auch viele Stellplätze, auf denen das Übernachten im Camper erlaubt ist – je nach Stellplatz auch mehrere Nächte. Nutzen Sie nur die Stellplätze über Nacht, die von Gemeinden oder privaten Anbietern für Kurzzeit-Camper gedacht sind. Sie bieten je nach Platz oft auch Versorgungsstationen zum Entleeren der Chemietoilette und des Grauwassers, Auffüllen des Frischwassertanks sowie mitunter Stromanschlüsse. Diese offiziellen Camper-Parkplätze sind auf der Karte mit einem *Wohnmobil-Icon* markiert (grün kostenlos, rot kostenpflichtig). *Schwarze Icons mit Zelt-Symbol* zeigen Campingplätze an.

Stellplatz finden oder eintragen

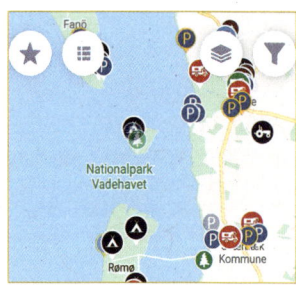

Über das *Lupen-Symbol* auf der unteren Seite lässt sich nach einem gewünschten Ort suchen. Alternativ können Sie die Karte verschieben und die Größe auf eine Region anpassen, in der Sie suchen möchten. Über *Suche in diesem Bereich* zeigt die App die gefundenen Stellplätze an. Die Ergebnisse lassen sich über das *Listen-Symbol* oben links auch als Liste darstellen. Park4Night lebt von den Eintragungen seiner Mitglieder. Sie können ein kostenloses Konto erstellen, um Plätze, Kommentare und Fotos hinzuzufügen.

Zusatzleistungen im Abo

Die kostenlose Version von Park4Night blendet Werbung ein und ist nur mit einer Internetverbindung nutzbar. Für ein Abo von wahlweise 1,99 Euro pro Monat oder 9,99 Euro pro Jahr lässt sich die App unter anderem auch offline und ohne Werbeeinblendung nutzen. Zudem können Sie die Suchergebnisse mit einer Vielzahl an Filtern eingrenzen.

→ **Stellplatz Europe**

Diese englischsprachige App des schwedischen Entwicklers Greenstream Apps zeigt eine große Auswahl an Stellplätzen in Skandinavien, wo auch Wildcampen erlaubt ist. Man findet zudem viele Stellplätze in Deutschland/Europa. (Android/iOS)

→ **Stayfree**

Die App wirbt mit „Wildcampen", wovon wir abraten. Ihr Vorteil: Sie zeigt auf einer Landkarte neben Parkplätzen auch Campingplätze, Privatcamping und Stellplätze an, auf denen das Übernachten gestattet ist. Die Einträge stammen von Mitgliedern von Stellplatz.info. Die App lässt sich nur mit einer Internet-Verbindung nutzen. (Android/iOS)

→ **Landvergnügen**

Mit einer jährlichen Mitgliedschaft von 34,90 Euro erhält man die Möglichkeit, 24 Stunden kostenfrei auf über 1 100 Bauernhöfen und Wintereibetrieben in Deutschland stehen zu bleiben. Auf der App können Sie nach teilnehmenden Höfen suchen. Das gleiche Konzept speziell für österreichische Bauernhöfe und Winzer verfolgt die App „Schau aufs Land". (Android/iOS)

Yescapa: Europaweit private Wohnmobile mieten

Android

iOS

Mit einem Wohnmobil erkunden Sie eine Region und legen an den schönsten Plätzen Zwischenstopps ein. Für entfernte Urlaubsziele ist es entspannter, zum Urlaubsort zu fliegen und vor Ort einen Camper zu leihen. Yescapa ist dazu ein guter Anlaufpunkt, bei dem Sie bereits vor der Reise das passende Fahrzeug aussuchen und buchen können. Diese europaweite Vermittlungsplattform bringt Sie und überwiegend private Verleiher eines Wohnmobils zusammen. In der Ausgabe test 1/2022 schneidet Yescapa besser ab als Paul Camper, der ebenfalls Fahrzeuge privater Anbieter vermittelt.

Aus insgesamt über 10 000 Campingfahrzeugen in Deutschland, Portugal, Spanien, Frankreich, Italien, Großbritannien, Belgien und der Schweiz können Sie wählen. Für jedes Land gibt es einen passenden Vollkasko-Schutz sowie eine Pannenhilfe. Innerhalb der ersten 24 Stunden nach der Buchung erhalten Sie im Fall einer Stornierung den Mietpreis zurück. Zudem können Sie eine Reiserücktrittsversicherung abschließen. Anderenfalls erhalten Sie statt dem gesamten Betrag 70 Prozent des Mietpreises zurück, wenn Sie 30 Tage vor der Anmietung stornieren.

Den passenden Camper buchen

Nach dem Starten der App zeigt diese eine geteilte Ansicht einer Landkarte und einer Liste mit empfohlenen Fahrzeugen. Sie können entweder nur die *Liste* oder nur die *Landkarte* einblenden. Im *Suchfeld* geben Sie entweder das Land, die Region oder den Ort ein, an dem Sie einen Wohnwagen anmieten möchten. Die Ergebnisse lassen sich eingrenzen auf das gewünschte

Datum, Sitz- und Schlafplätze. Auch den Tagespreis und Fahrzeugtyp sowie die gewünschte Ausstattung oder die Mitnahme von Tieren können Sie eintippen. Der Vermieter gibt an, welche Sprachen er spricht. Finden Sie ein interessantes Wohnmobil, erstellen Sie zunächst eine Anfrage bei seinem Besitzer. Stimmt er Ihrer Anfrage zu, können Sie verbindlich buchen – mit einer Stornierungsmöglichkeit von 48 Stunden.

→ **Paulcamper**

Überwiegend in Deutschland, aber auch europaweit und in Großbritannien lässt sich über den Vermittler Paulcamper ein Wohnwagen oder -Anhänger von privat mieten. Die App ist leicht zu bedienen und zeigt Treffer übersichtlich an. Die Auswahl aus über 10.000 Fahrzeugen kann man nach eigenen Wünschen eingrenzen, etwa lokale Nähe oder Fahrzeugtyp. (Android/iOS)

→ **ADAC Reisen**

Das Reiseportal des ADAC zeigt Angebote unter anderem für Pauschalreisen, Hotels oder weltweite Angebote für das Anmieten von Wohnwagen. Es gibt keine App für diesen Dienst. Er lässt sich aber im Webbrowser (Safari/iOS oder Chrome/Android) über www.adacreisen.de aufrufen.

→ **CamperDays**

In der Ausgabe test 1/2022 erreicht CamperDays den ersten Platz unter zehn Buchungsportalen für gewerblich vermietete Wohnmobile. Rund 33 800 Fahrzeuge von 84 Vermietern stehen zur Auswahl. Auch dieser Service bietet keine eigene App. Die Webadresse: www.camperdays.de.

CoPilot: Navigation für große Wohnmobile

Android

iOS

Sie begeben sich mit einem großen Wohnmobil oder einem Wohnanhänger auf Urlaubsfahrt? Dann kann es auf manchen Routen eng zugehen, da die gängigen Navigationssysteme auf einen Pkw ausgelegt sind. Für größere Fahrzeuge lohnt sich eine Navigations-App, die auch die XL-Maße berücksichtigt. So können Sie Routen mit engen Straßen oder niedrigen Brücken meiden.

Die Navigations-App CoPilot von Sygic erhielt als Android-Version in unserem Vergleichstest der Ausgabe test 8/2021 die Note gut (2,1) und landete auf dem dritten Platz hinter Tomtom Go Navigation und Google Maps. Doch im Gegensatz zu den genannten Apps berücksichtigt CoPilot auch die XL-Maße von Lkw und Wohnmobilen. CoPilot ist eine der beliebtesten Navigations-Apps für Wohnmobilisten. Die App können Sie zunächst 14 Tage lang kostenlos und im vollen Umfang testen, ohne dass sich ein Abo automatisch verlängert. Danach ist ihr Dienst per In-App-Kauf als Abo erhältlich, das 29,99 Euro pro Jahr kostet.

Offline-Karte und Verkehrsinformationen

Damit Sie die Navigation nutzen können, müssen Sie sich mit einem Konto anmelden und die *gewünschte Landkarte herunterladen*. Erhältlich sind Karten für ganz Europa oder einzelne Länder, Versionen für Großbritannien und Irland sowie für die Türkei und Russland. Die Karte für das gesamte Europa beansprucht etwa 3,83 GB Speicherplatz, nur Deutschland, Österreich und Schweiz (DACH) 631 MB. Für die aktuelle Verkehrslage oder der Stimmansage benötigen Sie zusätzlich eine Internetverbindung.

Über das *Kreissymbol mit den drei Strichen* oben links können Sie in *Optionen* zunächst die Grundeinstellungen vornehmen. Dazu zählen die Art des Fahrzeugs sowie dessen Maße, Gewicht und Details zu der Routenberechnung. So werden Sie beispielsweise auf Umweltzonen sowie auf Mautzonen und Staus hingewiesen. Alle Einstellungen können Sie auf einem Cloud-Speicher sichern.

Route starten

Im Suchfeld geben Sie entweder die Adresse ein oder wählen diese aus Ihren Kontakten. Zudem können Sie aus vielen Sonderzielen wie etwa Campingplätze, Parkplätze, Tankstellen oder Kfz-Werkstätten wählen. Zudem lässt sich ein Ziel direkt auf der Karte antippen und ansteuern. CoPilot zeigt bis zu drei Routen zur Auswahl an, zwischen denen Sie auch während der Fahrt wechseln können, indem Sie auf die Zeitangabe der Route tippen.

→ **Sygic LKW & Wohnmobil**

Die unter Truckern beliebte App mit Offline-Karten gibt es auch für Wohnmobilisten. Einmalig kostet Sie 59,99 Euro. In den Einstellungen können Sie mehrere Fahrzeugprofile anlegen, die neben Maßen und Achslast unter anderem die Höchstgeschwindigkeiten beinhalten. (Android/iOS)

→ **OsmAnd**

Die kostenlose Navi-App mit der Opensource-Karte „OpenStreetMap" kann für Pkw, Motorrad, Fahrrad, zu Fuß und für Lkw-Routen berechnen. Das Navi bietet sehr viele Erweiterungsmöglichkeiten und Funktionen, daher ist es auch etwas unübersichtlicher. Verkehrsinformationen in Echtzeit werden allerdings nicht unterstützt. (Android/iOS)

Motorhome Level: Wohnmobil richtig ausrichten

Android

iOS

Oft ist ein Stellplatz auf einem Campingplatz uneben oder leicht abschüssig. Damit Sie nicht aus dem Bett purzeln, ist es angenehm, wenn das Wohnmobil waagerecht ausgerichtet ist. Dabei kann man entweder Auffahrkeile oder als luxuriösere Alternative Luftkissen verwenden, die entweder per Minikompressor oder Fußpumpe aufgeblasen werden. Dank Ihres Smartphones ist das Ausrichten des Fahrzeugs deutlich komfortabler im Vergleich zu Hilfsmitteln wie Wasserwaage oder einem Lot.

Die 1,99 Euro teure App Motorhome Level hilft Ihnen dabei. Dazu müssen Sie zunächst das Smartphone kalibrieren. Dann legen Sie das Gerät in den Camper und lassen von der App ermitteln, welches Rad um wie viel Zentimeter korrigiert werden soll. Wie das im Detail funktioniert, erfahren Sie in der App über das *Info-Symbol* oben rechts als Kurzanleitung. Tipp: Ein Bluetooth-Kopfhörer ist ein nützlicher Helfer. Sie können so außerhalb des Fahrzeuges den Ansagen der App folgen.

Einmalige Voreinstellungen

Damit die App bestimmen kann, wie weit die einzelnen Räder anzuheben sind, müssen Sie zunächst unter *Einstellungen* den Radstand und die Spurbreite Ihres Campers angeben. Die Angaben finden Sie in der Zulassungsbescheinigung Ihres Campers, alternativ können Sie die Abstände mit einem Maßband selber nachmessen. Außerdem muss der Sensor des Smartphones kalibriert werden. Dazu legen Sie das Smartphone auf eine garantiert waagerechte Fläche, beispielsweise auf einen Hartboden. Starten Sie die App und tippen unter *Einstellungen* auf die Schrift *Kalibrieren*.

Wohnmobil ausrichten

① **Starten Sie die App**, wählen *Ausrichten* und legen das Smartphone auf eine Fläche, die gerade ausgerichtet werden soll – beispielsweise den Boden oder den Tisch. Die Oberseite des Smartphones muss Richtung Führerhaus zeigen.

② **Die App zeigt an**, um wie viel Zentimeter die einzelnen Räder in der Höhe korrigiert werden müssen. Über den *orangen Kreis* auf der rechten Seite können Sie auf Wunsch die Werte fixieren.

③ **Per Stimmausgabe** gibt die App die zu korrigierenden Maße vom vorderen linken bis zum hinteren rechten Rad durch, sofern das Lautsprecher-Symbol oben rechts durchgestrichen ist. Tippen Sie auf das *Lautsprechersymbol*, können Sie den Ton abschalten.

→ **WomoSet**

Komfortabler als Motorhome Level ist die 2,99 Euro teure App WomoSet, die allerdings nur für iOS erhältlich ist. Die App gibt entweder die Kommandos per Stimme aus oder zeigt sie auf einer Apple Watch an. (iOS)

→ **Womo Leveler Free**

In der kostenlosen Version blendet die App Werbung ein. Für das Ausrichten des Fahrzeugs sendet Womo Leveler Free auf Wunsch Signaltöne aus. Je schneller die Tonfolge, desto besser ausgerichtet ist das Fahrzeug. (Android)

Mobil vor Ort

Möchten Sie im Urlaub mehrere Tage mobil sein, dann finden Sie über geeignete Vergleichsportale günstige Mietwagen. Für Städtetouren sind Sharing-Angebote eine gute Alternative. Sie können so in vielen Städten Europas unkompliziert E-Mopeds und E-Scooter, Fahrräder und Pkw leihen. In Metropolen finden Sie per App zudem unabhängig vom Verkehrsmittel die beste Verbindung sowie Parkplätze für einen Pkw.

Im Urlaub flexibel von A nach B

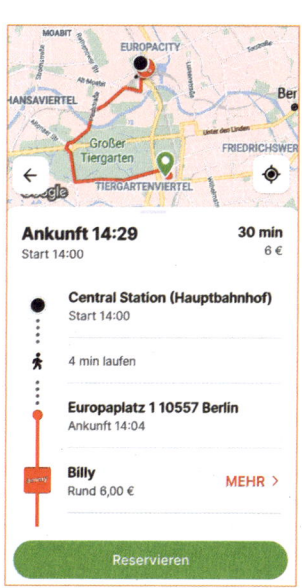

Möchten Sie im Urlaub mobil sein, dann können Sie verschiedene Fortbewegungsmittel nutzen. Vom klassischen Mietwagen über einen E-Roller bis hin zum Fahrrad. Sie finden in diesem Kapitel unsere Empfehlungen zu Preisvergleichen für Mietwagen sowie verschiedene Sharing-Dienste. Für Städtetouren gibt es zudem eine App, die verschiedene Verkehrsmittel berücksichtigt, um ans Ziel zu gelangen. Reisen Sie mit dem Auto an, dann hilft eine App bei der Suche nach einem Parkplatz.

Mehrere Apps nutzen

Unser Tipp: Laden Sie vor der Reise die Apps herunter und melden Sie sich an. Meist ist das kostenlos, nur für den Sharing-Anbieter Flinkster sind neun Euro Gebühren fällig, sofern Sie keine BahnCard besitzen. Sinnvoll ist es, wenn Sie die Apps mehrerer Sharing-Anbieter nutzen. Sie ergänzen sich hinsichtlich ihrer Angebote. Planen Sie einen Städtetrip, dann suchen Sie zudem nach der App des jeweiligen Verkehrsunternehmens. So bieten die Berliner Verkehrsbetriebe ihre komfortable App Jelbi an. Diese berücksichtigt für die Route auch Sharing-Anbieter. Gleiches gilt beispielsweise für die App MVG more der Münchener Verkehrsbetriebe.

Moovit: Weltweit in Metropolen den besten Weg finden

Android

iOS

Im Ausland ist es oft nicht leicht, das anfangs verwirrende ÖPNV-Netz zu durchblicken. Hier hilft Moovit. Dieser Service ist ein Ableger von Intel und zeigt verschiedene Möglichkeiten, in einer Stadt oder Metropolregion von A nach B zu kommen. In 112 Ländern und rund 3400 Städten können Sie Moovit nutzen.

Außer für die öffentlichen Verkehrsmittel wie Bus, U-Bahn oder Seilbahn zeigt die App Routen an, wenn Sie zu Fuß, per Fahrrad, E-Scooter oder E-Roller unterwegs sind. Moovit unterstützt unter anderem den Sharing-Anbieter Tier und leitet zur Tier-App weiter, wenn Sie einen E-Scooter oder E-Moped ausleihen möchten. Wermutstropfen: Die App blendet ab und an Werbung ein, die erst nach ein paar Sekunden ausblendbar ist. Im persönlichen Bereich lassen sich dafür die Informationen zu den Verkehrsnetzen herunterladen. Die App ist dann auch ohne Internetverbindung nutzbar.

Beste Verbindung finden

Auf der *Startseite* können Sie *in der unteren Leiste* zwischen *Verbindungen*, *Haltestellen* und *Linien* wählen. Für eine schnelle Route von Ihrem Standpunkt zum Ziel geben Sie im Feld *Wohin möchtest Du?* den *Zielort* ein. Sie können den Zielort auch auf der *Karte* wählen, indem Sie diese so verschieben, bis er auf dem *orangenen Punkt* liegt. Wählen Sie die Abfahrts- beziehungsweise Ankunftszeit, wenn Sie nicht sofort starten möchten. Praktisch: Auf diese Weise können Sie auch die letzte Linie nutzen, die am selben Tag fährt. Unter *Filter* lassen sich einzelne Verkehrsmittel, die Sie nicht nutzen möchten, deaktivieren. Zudem können Sie für die Routenberechnung aus drei Präferenzen wählen: *Beste Route*, *Kürzester Fußweg* oder *Wenig umsteigen*.

Tippen Sie auf *Route finden,* werden Ihnen mehrere Optionen vorgeschlagen, darunter auch barrierefreie Routen oder Fuß- und Radwege. Haben Sie eine Route gewählt, erscheint eine Übersichtskarte mit der Route und im unteren Teil eine Liste Ihrer Wegstationen. Tippen Sie auf das *grüne Icon*, startet die Navigation.

Haltestellen im Überblick

Kennen Sie sich in der Gegend bereits aus? Dann sind die Optionen „Haltestellen" und „Linien" interessant. Tippen Sie auf der Startseite auf *Haltestelle,* sehen Sie auf einer Karte alle Stationen in Ihrer Nähe. Wählen Sie eine davon, zeigt Moovit die nächsten Ankunftszeiten basierend auf dem GPS-Standort des Fahrzeugs an, sofern der Verkehrsbetrieb diese Information bereitstellt.

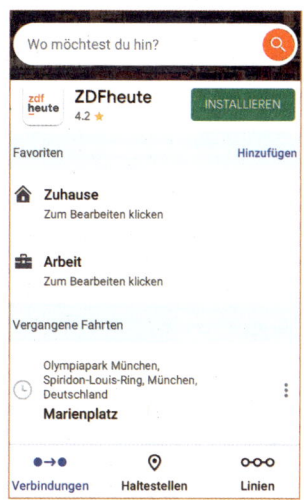

→ **Citymapper**

Auch Citymapper zeigt Routen mit dem ÖPNV und Alternativen wie Carsharing, Fahrrad oder E-Scooter an. Netter Gimmick: Für den Weg zu Fuß oder per Fahrrad berechnet die App den jeweiligen Kalorienverbrauch. (Android/iOS)

→ **Jelbi**

Die App Jelbi der Berliner Verkehrsbetriebe (BVG) bietet mehr Verbindungsmöglichkeiten als nur die eigenen ÖPNV-Angebote und dem eigenen Fahrdienst BerlPol. Sie zeigt auch ausleihbare Verkehrsmittel wie Auto, E-Scooter, E-Moped oder Fahrräder und Taxis an. Der Clou ist die tiefe Integration mit Partnern wie Emmy. Auch die Apps anderer Verkehrsbetriebe zeigen zunehmend alternative Transportmöglichkeiten an. (Android/iOS)

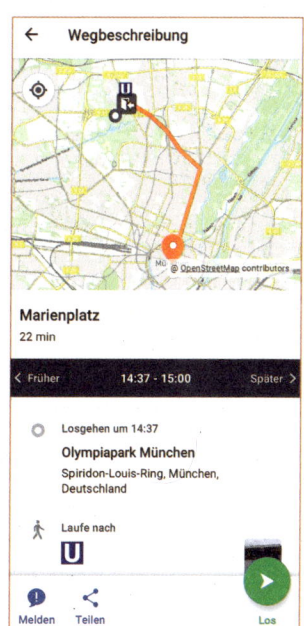

Tier: E-Moped spontan ausleihen und fahren

Android

iOS

Elektro-Motorroller, auch E-Mopeds genannt, sind ein flottes Fortbewegungsmittel in einer Stadt. Mit bis zu 45 km/h gleiten Sie nahezu lautlos über die Straße. In fast allen größeren Städten sieht man immer häufiger E-Mopeds, die man über das Smartphone ausleihen kann. Tier und Emmy gehören zu den größten Sharing-Anbietern für E-Mopeds in Deutschland. Zudem können Sie in anderen europäischen Metropolen die praktischen Flitzer unkompliziert per App ausleihen. So ist Tier auch in fast einem Dutzend weiterer europäischer Länder vertreten, darunter Österreich, Schweiz, Frankreich, Großbritannien und in Skandinavien.

Eine Fahrt mit dem E-Moped von Tier ist zwar nicht gerade günstig, verhilft Ihnen aber zu mehr Flexibilität und bereitet Spaß beim Fahren. Für das Entsperren des E-Rollers zahlen Sie einen Euro, ab diesem Zeitpunkt kommen 23 Cent pro Minute Leihgebühren dazu. Mit verschiedenen buchbaren Paketen können Vielfahrer sparen. Praktisch: Im Gepäckraum unter dem Sitz finden Sie, wie bei Emmy, zwei Helme.

Registrieren mit Führerschein und Zahlungsart

Damit Sie einen Elektroroller fahren dürfen, brauchen Sie eine Fahrerlaubnis der Klasse AM, die umgangssprachlich als Moped-Führerschein bekannt ist. Diese ist im Pkw-Führerschein der Klasse B bereits enthalten. Vor dem Ausleihen eines E-Rollers müssen Sie sich mit einem kostenlosen Konto anmelden und Ihren Führerschein verifizieren. Dieser Vorgang ist in rund drei Minuten erledigt. Auch alte Führerscheine aus Papier akzeptiert dieser automatisierte Vorgang, bei dem die Vorder- und Rückseite des Führerscheins sowie ein Selfie fotografiert wird. Als Zahlungsmethode wählen Sie entweder Paypal oder Kreditkarte.

Ausleihen

Die App zeigt auf einer *Karte* die Standorte freier E-Mopeds sowie E-Scooter an. Über einen *Filter* lässt sich die Auswahl nur auf E-Mopeds beschränken. Innerhalb von 400 Metern zu Ihrem Standpunkt können Sie nun ein Fahrzeug ausleihen. Dazu tippen Sie ihn an und erfahren, wie weit er entfernt steht und welche Reichweite seine Akkuladung noch erlaubt. Tippen Sie auf *Fahrt beginnen* und folgen Sie den Anweisungen der App. Sobald Sie *Kostenpflichtig starten* wählen, haben Sie den E-Roller ausgeliehen und zahlen neben einem Euro Freischaltgebühr den Minutenpreis für das Ausleihen.

→ **Emmy**

Mit rund 3 000 E-Mopeds in Berlin, Hamburg und München gehört Emmy zu den größten Sharing-Diensten. In Berlin ist er mit der App „Jelbi" der Berliner Verkehrsbetriebe integriert, ein E-Moped lässt sich so direkt buchen. Es gibt darüber hinaus je nach Region und Stadt eine Vielzahl weiterer Anbieter wie Felyx, twist, Zoom Sharing, Evo-Sharing, Go Sharing, Frank-e, Meli-sharing, Stella Sharing, Eddy Sharing, NERO Sharing, Deins und Meins oder moritz, die jeweils eine eigene App zum Ausleihen bieten. (Android/iOS)

nextbike: Mit dem Fahrrad durch Stadt und Natur

Android

iOS

Einige der schönsten Städte Europas sind auch besonders fahrradfreundlich. In Deutschland schneidet Bremen nach einer Umfrage des ADFC am besten ab. Was gibt es Schöneres, als solche Ziele mit dem Fahrrad zu erkunden? Vor Ort werden Sie in nahezu jeder Stadt Sharing-Anbieter oder den klassischen Fahrradverleih finden. Einer der Platzhirsche ist nextbike, Europas führender Sharing-Anbieter für Fahrräder. In über 300 Städten weltweit lassen sich Fahrräder ausleihen. In unserem Vergleichstest der Ausgabe test 5/2019 belegten nextbike (gut 1,9) und Call a Bike (gut 2,3) die beiden besten Plätze, während die anderen getesteten Anbieter Donkey Republic, LimeBike, Mobike und Byke mit mangelhaft bewertet wurden. Vor allem die Sicherheit der angebotenen Fahrräder wurde dabei kritisiert.

Je nach Standort können Sie die Räder entweder in Innenstädten frei abstellen (Free Floating) oder müssen am Rand der Städte zu einer Verleihstation zurückgebracht werden. Möchten Sie nur einmalig ein Fahrrad ausleihen, dann zahlen Sie im Basistarif einen Euro pro 15 Minuten und maximal 15 Euro in 24 Stunden. Nutzen Sie ein Fahrrad häufiger, ist der Monatstarif zu zehn Euro interessant. Hier sind 30 Minuten pro Ausleihen kostenlos, danach zahlen Sie einen Euro für weitere 30 Minuten.

Fahrrad ausleihen

❶ **Erstellen Sie** zunächst ein kostenloses Konto. nextbike bietet viele Möglichkeiten an, die Leihgebühr zu bezahlen. Außer Kreditkarte oder Paypal können Sie die Leihgebühr per Handyrechnung oder Bankeinzug begleichen.

❷ **Wählen Sie auf der Karte** ein Fahrrad in Ihrer Nähe. Es lässt sich meist für 15 Minuten kostenlos reservieren, bis Sie es erreicht haben.

❸ **Befinden Sie sich in einer fremden** Gegend, dann können Sie eine Navigation starten. Die nextbike-App leitet den Standort des Fahrrads weiter zu einer Navi-App Ihrer Wahl.

❹ **Am Fahrrad angekommen** tippen Sie in der App auf das *Fahrradsymbol* und wählen *Rad ausleihen*. Die App startet die Kamera, um den QR-Code am Fahrrad einzuscannen. Sie erhalten dann einen Zahlencode zum Entsperren des Schlosses.

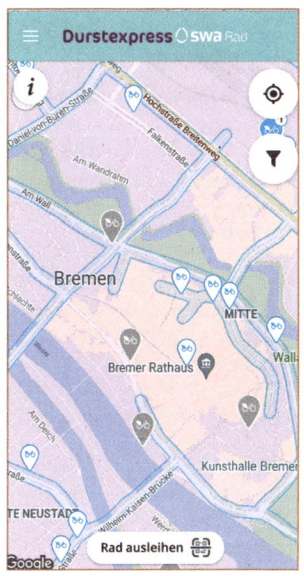

→ **MVG more**

In München ist nextbike der Betreiber des Fahrrad-Sharings MVG Rad der Münchner Verkehrsbetriebe. Des Weiteren unterstützt diese App Tier sowie die Carsharing-Anbieter Share Now und Stattauto. Taxistände und E-Ladesäulen lassen sich mit MVG more ebenfalls aufspüren. (Android/iOS)

→ **Call a Bike**

Als Teil der Deutschen Bahn (DB) stehen Leihräder vor vielen Bahnhöfen und in vielen deutschen Innenstädten. Die Leihgebühr beträgt zehn Cent pro Minute bei maximal neun Euro für 24 Stunden, mit Basis- und Komfort-Tarifen strampeln Vielfahrer günstiger. (Android/iOS)

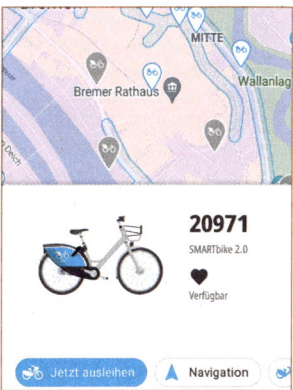

Flinkster: In 360 deutschen Städten spontan Pkw ausleihen

Android

iOS

Sharing-Anbieter sind vor allem für Kurzurlaube in Deutschland eine Alternative zu einem klassischen Mietwagen. Sie eignen sich dann besser, sollten Sie kurzfristig und für kürzere Strecken einen Pkw benötigen, um beispielsweise das Umland einer Stadt zu erkunden oder einen Wochenendausflug zu planen. Im Vergleichstest der Ausgabe test 5/2020 schnitt der Sharing-Dienst der Deutschen Bundesbahn Flinkster mit Note 1,9 (gut) am besten ab. Gute Ergebnisse erzielten auch Sixt Share (2,0), Share Now und Stadtmobil (jeweils 2,2) sowie Cambio Carsharing (2,3). Das Ausleihen klappt bei allen Anbietern einfach, tanken müssen Sie nicht. Wir empfehlen, die Apps mehrerer Carsharing-Anbieter zu nutzen. Ausleihen und abstellen lassen sich die Pkw je nach System an einem beliebigen Platz innerhalb des Nutzungsgebiets (Free-Floating) oder an dafür vorgesehene Parkzonen, auf die Flinkster setzt.

Flinkster bietet in Deutschland ein dichtes Netz an Fahrzeugen, zudem können Sie in über einem Dutzend Schweizer Städten ein Fahrzeug leihen. Bevor Sie einen Pkw über Flinkster leihen, müssen Sie ein Benutzerkonto erstellen. Privatpersonen können zwischen einem bundesweiten Tarif mit und ohne BahnCard wählen. Ohne BahnCard zahlt man einmalig neun Euro, mit Bahncard nichts.

Pkw finden und mieten

Über das *Lupen-Symbol* geben Sie die Adresse und den Zeitraum ein, in dem Sie einen Pkw ausleihen möchten. Alternativ können Sie auf der Karte durch *Zoomen und Verschieben* zu dem Ort navigieren. Rot markiert sind auf der Karte die aktuell verfügbaren

Fahrzeuge, grau die gerade belegten. Über das *Filter-Symbol* oben rechts lässt sich die Auswahl auf Ihre Wünsche eingrenzen. Beispielsweise können Sie die Wagenklasse und Getriebeart wählen. Wenn Sie auf der Karte *einen Pkw antippen*, dann zeigt die App den Bereich (*Quartier*) an, in dem Sie das Fahrzeug wieder abstellen müssen. Im unteren Bereich erscheint zudem eine Kurzbeschreibung des Fahrzeugs mit dem Preis pro Stunde. Wischen Sie die Anzeige nach oben, um alle Informationen zu erhalten. Unter *Verfügbarkeit* lässt sich ein Zeitraum eingeben, in dem der Pkw für Sie nutzbar ist, über *Buchen* können Sie sofort starten. Die Route zum Pkw lässt sich mit einer Navigations-App Ihrer Wahl anzeigen.

→ **Sixt Share**

Für spontane One-Way-Fahrten ohne feste Station eignen sich Sharing-Anbieter wie Sixt Share mit „Free-Floating". Für kurze Strecken ist Sixt Share eine preiswerte Alternative. Fahrzeuge lassen sich 15 Minuten reservieren. (Android/iOS)

→ **Share Now (früher car2go und DriveNow)**

Der Carsharing-Anbieter von BMW ermöglicht es wie Sixt Share, spontan einen Pkw auszuleihen. Das ist auch außerhalb von Deutschland möglich. So etwa in Paris, Mailand, Rom, Amsterdam oder Wien. Der Anbieter hat vergleichsweise viele Elektroautos in seiner Flotte. Ein Fahrzeug können Sie 15 Minuten kostenlos reservieren. (Android/iOS)

Check24 Reisen: Günstigen Mietwagen finden

Android

iOS

Fliegen Sie in den Urlaub, dann lohnt sich ein Mietwagen zum Erkunden der Gegend. Ein Auto können Sie nach Ihrer Ankunft direkt am Flughafen mieten. Die Auswahl an Autovermietungen ist vor Ort meist gut. Empfehlenswerter ist es aber, einen Mietwagen bequem per App in Voraus zu buchen. Sie können so unter anderem die Fahrzeugklasse sowie den passendsten Tarif aussuchen.

Check24 Reisen ist bereits unsere Empfehlung für das Buchen einer Pauschalreise. Auch für die Vermittlung eines Mietwagens ist dieses Reiseportal unser Tipp. In der Ausgabe test 5/2016 landet Check24 Mietwagen zusammen mit Billiger Mietwagen mit jeweils der Note sehr gut (1,4) auf Platz eins. In der aktuellen App findet Check24 Reisen nach unseren Stichproben meist günstigere Mietwagen im Vergleich zu Billiger Mietwagen. Die meisten Vermittler ermöglichen es, eine Buchung bis 24 Stunden vor Mietbeginn kostenlos zu stornieren, so auch bei den beiden genannten. Lobenswert: In der App von Check24 Reisen können Sie bereits im Suchfenster für einen Mietwagen markieren, dass nur Angebote gezeigt werden, die die Kriterien der Stiftung Warentest erfüllen. Check24 orientiert sich dabei an den Ratschlägen aus dem Artikel „Mobil sein ohne Stress" der Ausgabe Finanztest 4/2020.

Mietwagen finden und buchen

Wir raten für eine sorglose Fahrt mit dem Mietwagen folgende Punkte zu berücksichtigen: Empfehlenswert ist eine Haftpflicht mit hoher Deckung und Vollkaskoschutz ohne Selbstbeteiligung sowie eine Versicherung für Glas- und Reifen. Außerdem lohnt es sich auf gute Kundenbewertungen zu achten. Ideal ist es, wenn der Wagen vollgetankt übergeben und abgegeben werden soll. Achten

Sie bei der Übergabe genau auf Schäden und erstellen Sie vor und nach der Miete zur Sicherheit Fotos vom Fahrzeug und vom Innenraum.

So suchen und buchen Sie ein Fahrzeug

① **Wählen** Sie *Mietwagen* auf der Startseite.
② **Geben** Sie den Ort und die Zeit an und aktivieren Sie *nur Angebote, welche die Stiftung Warentest Kriterien erfüllen*.
③ **Passen** Sie den Filter nach Ihren Wünschen an. Sie können beispielsweise die Ergebnisse auf Cabrios mit Automatikantrieb eingrenzen.
④ **Wählen** Sie aus der Liste das gewünschte Fahrzeug aus und tippen auf *weiter zur Stationsauswahl*, um es zu buchen. Sie können die Abholstation sowie einige Extras wählen, bevor Sie endgültig buchen. Zahlen können Sie per Paypal, Kreditkarte oder Bankeinzug.

→ **Billiger Mietwagen**

Laut Eigenaussage bietet diese Vergleichsplattform Deutschlands größten Preisvergleich für Mietwagen. Darüber hinaus lassen sich auch nach Mietangeboten für Transporter und Wohnmobile suchen. Die App bietet reichlich Filter, um die Treffer einzugrenzen. So auch auf unsere Empfehlungen wie etwa Angebote ohne Selbstbeteiligung im Schadensfall. (Android/iOS)

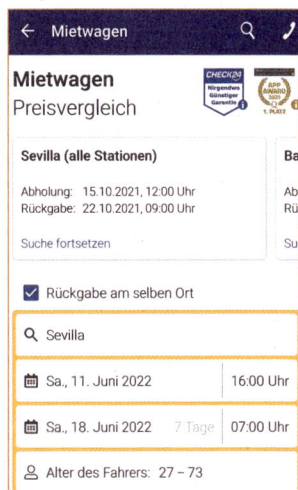

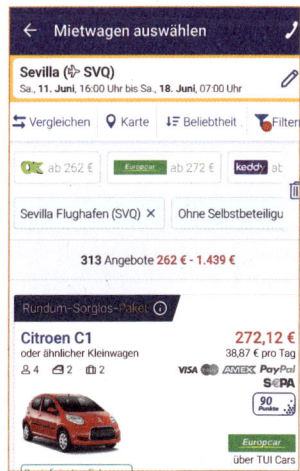

Mit dem Auto unterwegs

Den schnellsten Weg finden und Staus vermeiden? Da helfen passende Navigationsapps, die sich auch offline nutzen lassen. Zudem erleichtern sie das Autofahrerleben, weil sie günstige Tankstellen oder Ladestationen finden, Hilfe im Fall einer Panne oder eines Unfalls rufen sowie die Regeln auf Straßen außerhalb Deutschlands erklären.

Mit digitalen Helfern ans Ziel

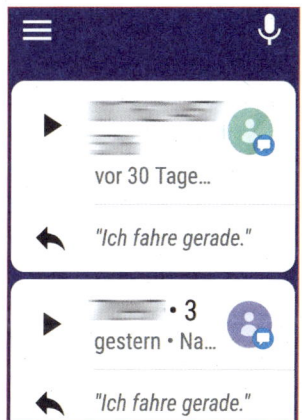

Das Smartphone kann während der Fahrt ablenken und Unfälle provozieren. Laut einer Umfrage des Branchenverbands Bitkom e.V. (2017) telefonieren 44 Prozent der Autofahrer mit dem Smartphone am Ohr. Jeder Zweite liest Kurznachrichten und rund acht Prozent sehen während der Fahrt sogar Videos. Nutzen Sie die Apps dagegen verantwortungsvoll, erfüllen Sie gute Dienste. Verwenden Sie daher das Smartphone während der Fahrt nur als Anzeige für eine Navigations-App oder für die Freisprecheinrichtung.

Smartphone und Pkw verbinden

Weniger Ablenkung durch Smartphones erreicht man, indem man es mit dem Infotainmentsystem eines modernen Pkws verbindet. Viele aktuelle Fahrzeuge unterstützen bereits Android Auto oder Apple Carplay. Diese beiden Schnittstellen verbinden viele Dienste und Apps vom Smartphone mit dem Infotainmentsystem. So lässt sich eine geeignete Navigations-App wie Apple Karten, Google Maps oder Waze auf dem meist größeren Display des Informationssystems anzeigen. Per Sprachbefehl können Sie mit Google Assistant beziehungsweise Siri Anrufe tätigen, Musik auswählen oder eine neue Route suchen und starten. Android Auto oder Apple Carplay lassen sich auch nachrüsten.

Google Maps: Funktionsreiches und vielseitiges Navi

Android

iOS

Google Maps schlägt meist mehrere Routen zum Ziel vor und schätzt die Fahrzeit. Via Internet aktualisiert das Navi in Echtzeit die Verkehrsdaten und leitet Sie auf eine Ausweichstrecke, falls sich die Verkehrslage auf der ursprünglichen Route verschlechtert. In unserem Vergleichstest der Ausgabe test 8/2021 schnitt Google Maps als beste kostenlose Navigations-App für Android/iPhone ab und punktet insbesondere mit überlgener Sprachsteuerung.

Route suchen und Navigation starten

Start und Ziel einer Route bestimmen Sie durch Tippen auf das *blaue Kreissymbol* unten rechts. Google Maps ermittelt per GPS-Daten Ihre aktuelle Position und gibt sie als *Mein Standort* an. Tippen Sie dann auf *Ziel auswählen*. Die Adresse lässt sich direkt eingeben oder aus letzten Einträgen übernehmen. Über *Auf Karte auswählen* kann jeder beliebige Ort auf der Landkarte als Ziel festgelegt werden. Je nach Route werden neben der blau markierten Route alternative Strecken plus die geschätzte Fahrzeit angezeigt. Möchten Sie eine „graue" alternative Route checken, tippen Sie sie einfach an. Über *Optionen* (links oben über Kartenansicht) können Sie Autobahnen, Mautstraßen oder Fähren vermeiden. Starten Sie die Navigation mit der *blauen Starten-Taste* unten links.

Offline-Karten laden

Wenn Sie sich mit einem Google-Konto angemeldet haben, können Sie Kartenausschnitte auswählen und herunterladen. Wählen Sie rechts im oberen *Adress-Suchfeld* Ihre Kontoeinstellungen. Tippen Sie *Offlinekarten > Wähle deine eigene Karte aus*. Nun können Sie durch Verschieben, Vergrößern, Verkleinern den Kartenausschnitt bestimmen, den Sie aufs Smartphone laden möchten. Google Maps zeigt den Speicherbedarf der Karte. (Der Großraum Berlin belegt 140 MB.)

Route für nächsten Tag berechnen

Möchten Sie die Fahrt vorab planen, dann können Sie die Abfahrtszeit ändern. Geben Sie *Start- und Zieladresse* ein und tippen auf die *drei vertikalen Punkte* oben rechts. Sie wählen *Start- und Ankunftszeit festlegen* und geben die gewünschte Abfahrtszeit am nächsten Morgen ein. Google Maps schätzt dann die Fahrzeit.

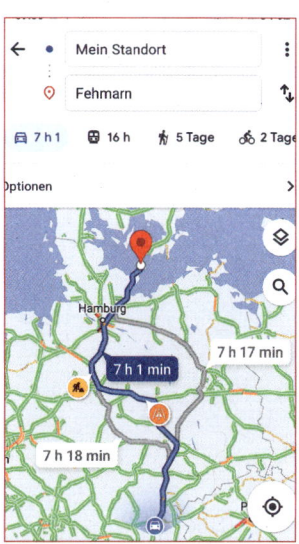

→ **Tomtom Go Navigation**

Die 13 Euro teure App ist Testsieger der Navigations-Apps für Android. Seine Stärken sind die Navigation, der Verkehrsdienst und die Routenführung, dafür gibt es gegenüber Google Maps und Waze Abstriche bei der Handhabung. (Android/iOS)

→ **Waze**

Die beste Route aufgrund der aktuellen Verkehrslage findet Waze anhand von Meldungen seiner Mitglieder. Offline lässt sich das Navi nicht nutzen. Im Test belegte Waze für Android Platz zwei der kostenlosen Navi-Apps, für das iPhone den dritten hinter Google Maps und Apple Karten. (Android/iOS)

→ **Apple Karten**

Weniger Funktionen als Google Maps bietet Apple Maps für das iPhone. Dafür ist die Karte sehr gut in das Apple-System eingebunden. (iOS)

Mit dem Auto ins Ausland: Regeln und Normen im EU-Ausland für Autofahrer

Android

iOS

Die App „Mit dem Auto ins Ausland" wurde von einem Verein mit ebenso sperrigen Namen herausgegeben: Zentrum für Europäischen Verbraucherschutz e. V. Gefördert wird dieser Verein unter anderem von der Europäischen Union. Die App beinhaltet Informationen zu 31 europäischen Ländern, darunter Island, Norwegen, Schweiz und Großbritannien. Auf alle Informationen können Sie auch ohne Internetzugang zugreifen.

Die App zeigt die wichtigsten Regeln, Notfallnummern und unter anderem Infos zur Maut oder zu Verkehrszeichen sowie Besonderheiten beim Tanken an. Außerdem verschafft sie Ihnen neben wichtigen Telefonnummern einen schnellen Überblick, wie Sie sich bei einem Unfall, einer Panne oder einem Diebstahl verhalten sollten. Sie erfahren zudem, wo es Umweltzonen gibt und wie viel eine Umweltplakette kostet. Die Informationen sind zwar mitunter allgemein gehalten, geben aber einen guten schnellen Überblick über alles Wissenswerte für Verkehrsteilnehmer im Ausland.

Informationen für Pkw oder Wohnwagen

Die App lässt sich auf Ihre Situation anpassen. Im ersten Schritt geben Sie an, *wie viele Erwachsene, Kinder und Haustiere* mitfahren. Dann wählen Sie, wie Sie auf Reisen sind: entweder mit einem *Pkw* oder *Wohnmobil*, *mit Wohnwagen* oder *Anhänger*. Wählen Sie bis zu fünf Länder, die auf Ihrer Reise liegen. Nun können Sie im Bereich *Thema* für jedes Land aus *zwölf Themenfeldern* wählen. Zwischen den Ländern wechseln Sie, indem Sie auf das jeweilige *Flaggensymbol* tippen. Vor der Fahrt können Sie zudem an einer

 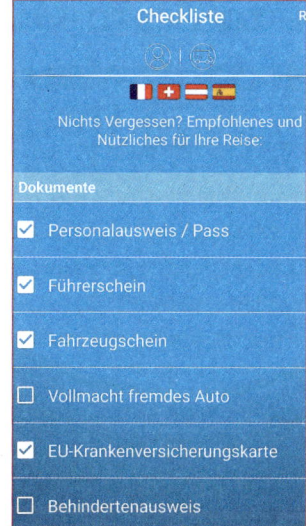 

Checkliste abhaken, ob Sie alle notwendigen Dokumente und Gegenstände für die Sicherheit dabeihaben. So erfahren Sie beispielsweise, dass Sie in Frankreich einen Alkoholtester mitführen sollten. Auch die wichtigsten europaweiten Notfallnummern etwa bei einem Unfall (112) oder eines Kreditkartenverlustes (+49 116 116) zeigt die App an.

→ **Going Abroad – Ins Ausland fahren**

Die App wurde von der Europäischen Kommission herausgegeben. Nach dem ersten Start erscheint sie in englischer Sprache und kann über das Zahnradsymbol oben links auf Deutsch umgestellt werden. Die App zeigt nur die grundlegendsten Hinweise zu den Verkehrsregeln und gibt keine Hilfestellung beispielsweise im Fall einer Panne, eines Unfalls oder Diebstahls. (Android/iOS)

clever-tanken: Günstige Spritpreise deutscher Tankstellen

Android

iOS

Regelmäßig zur Urlaubszeit steigen die Benzinpreise an. Damit es nicht zu Preisabsprachen kommen kann, sind deutsche Tankstellenbetreiber verpflichtet, ihre aktuellen Preise der Markttransparenzstelle (MTS) zu melden. Unter anderem auf diese Daten können Tankstellen-Vergleichs-Apps wie clever-tanken zugreifen und die günstigsten Benzinpreise in Ihrer Nähe zeigen. Sind Preise falsch angegeben, dann können Sie den korrekten Preis melden. In der kostenlosen Variante wird Werbung eingeblendet. Für ein Jahresabo von 1,99 Euro lässt sich die App werbefrei nutzen.

Über die drei Striche oben links können Sie die Suchergebnisse einschränken und Statistiken aufrufen. Die Statistiken sind ein Novum und zeigen neben dem Preisverlauf einen Städtevergleich der Spritpreise. So erfahren Sie beispielsweise die Preisentwicklung im Zeitraum von bis zu einem Jahr.

Günstige Tankstelle finden

Für die Suche nach der passenden Tankstelle geben Sie entweder Ihre aktuelle Position oder einen beliebigen Ort in Deutschland an. Haben Sie sich mit einem kostenlosen Konto angemeldet, dann können Sie Tankstellen als Favoriten speichern. Der Suchradius lässt sich zwischen einem und 25 Kilometern einstellen. Zudem können Sie die Spritsorte Ihres Fahrzeugs wählen. 14 Kraftstoffsorten stehen zur Auswahl. Neben den gängigen Sorten wie Diesel oder Super E5 sind auch wenig verbreitete Kraftstoffe wie Erdgas, Bioethanol oder Wasserstoff wählbar.

Die Ergebnisse lassen sich als *Liste* anzeigen, die nach Preis, Namen der Tankstelle und der Entfernung zu Ihrem Standort sortiert werden kann. Über das *Kompass-Symbol* oben rechts wechseln Sie zu einer Kartenansicht. Details zu jeder Tankstelle lassen sich aufrufen, so zum Beispiel deren Öffnungszeiten. Über *Navigation* können Sie mit einer Navi-App Ihrer Wahl die Route zu der Tankstelle berechnen und starten.

→ **ADAC Spritpreise**

Diese klar und übersichtlich gestaltete App zeigt Tankstellen mit aktuellen Spritpreisen entweder auf einer Karte oder als Liste. Im europäischen Ausland werden Tankstellen ohne Preise angezeigt. Die App bietet ein eigenes Navi, um den Weg zu einer Tankstelle zu finden. Gut gefällt, dass man die Route entweder für einen Pkw, ein Wohnmobil oder Fahrzeug mit Anhänger wählen kann. Auch lassen sich Autobahnen, Mautstraßen und Fähren vermeiden. (Android/iOS)

→ **mehr-tanken**

Wie clever-tanken blendet auch mehr-tanken in der kostenlosen Variante Werbung ein. Mit einem Abo ab 0,99 Euro pro Monat können Sie die App werbefrei nutzen. Die Bedienung ähnelt der von clever-tanken. Die Ergebnisse können auf einer Karte oder als Liste dargestellt werden. Den Weg dorthin lassen Sie sich mit einer Navigations-App Ihrer Wahl zeigen. (Android/iOS)

EnBW mobility+: Ladestation für Elektroauto finden

Android

iOS

Der Elektroantrieb ist zwar noch wenig verbreitet, wird aber in den nächsten Jahren voraussichtlich größtenteils den Verbrennungsmotor ersetzen. Das Netz an Ladestationen ist jetzt schon beachtlich, sodass Sie auch mit einem Elektroauto in den Urlaub fahren können. Die App mobility+ des Energiekonzerns EnBW bietet den Zugang zum größten Ladenetz in Deutschland, Österreich und der Schweiz. Sie können aus mehreren Tarifen ab 36 Cent pro Kilowatt wählen. Dazu legen Sie ein Benutzerkonto an, wählen den Tarif und geben als Zahlungsmittel entweder Kreditkarte oder Lastschrift an. Zudem lässt sich die App mit dem ADAC e-Charge kombinieren. So können Sie europaweit über 200 000 Ladepunkte vom ADAC nutzen. Bezahlen lässt sich mit einem der Dienste bequem per App oder mit einer Ladekarte. Zudem können Sie die App auch ohne Registrierung für die Suche nach Ladestationen verwenden.

Ladepunkt passend zum Elektroauto finden

Aus einer *Liste* wählen Sie zunächst Ihr E-Auto aus. Es zeigt unter anderem die Reichweite und den Verbrauch sowie die passenden Steckertypen an. Zum Laden ist in Europa der Stecker Typ 2 weit verbreitet. Neuere Fahrzeuge nutzen zunehmend den CCS-Stecker, dessen Anschluss sich auch mit dem Typ-2-Stecker verwenden lässt. Die App filtert alle Ladestationen nach den passenden Steckertypen für Ihr Fahrzeug.
Auf einer *Karte* sehen Sie im Ergebnis die zu Ihrem Fahrzeug passenden Ladepunkte. Über das *Filter-Symbol* oben rechts lässt sich das Ergebnis anpassen. Tippen Sie auf einen *Ladepunkt*, können Sie weitere Informationen wie *Anzahl der freien Ladepunkte* und die Zahlungsmöglichkeiten aufrufen. Nachdem Sie auf *Route* getippt

haben, lassen Sie sich mit einer Navigations-App Ihrer Wahl zu der Ladestation leiten.

Virtuell Elektroauto fahren

Sie spielen mit dem Gedanken, auf ein Elektroauto umzusteigen? Die App bietet dazu eine Fahrsimulation, mit der Sie ein gewünschtes Elektroauto auswählen können. Sie starten die Fahrsimulation für die Fahrt mit einem Verbrenner-Auto, die das Fahrverhalten mit einem Elektroauto nachstellt. Sie können so anhand einer realen Fahrt unter anderem erfahren, wie viel Energie ein Elektroauto verbrauchen würde, wie groß seine Reichweite wäre und wie viel CO_2 eingespart würden. Einen Test zum Thema Ladesäulen für E-Autos finden Sie in test 5/2022.

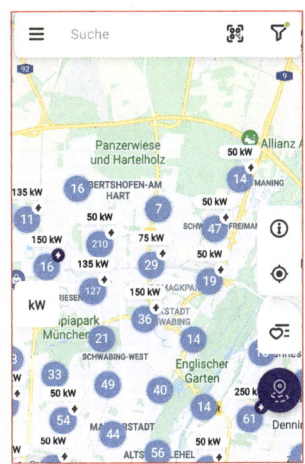

→ **Plugsurfing**

Nach eigener Aussage verfügt Plugsurfing mit mehr als 250 000 Ladepunkten über das größte Netz von Ladestationen in Europa. Bei allen im Netz befindlichen Ladepunktbetreibern kann man zu einem Festpreis ein E-Auto laden. Die App zeigt auf einer Karte derzeit freie Ladepunkte. Per Filter lässt sich der Steckertyp auswählen. (Android/iOS)

→ **Clever Tanken**

Die App eignet sich nicht nur als Suchmaschine für günstigste Tankstellen, sondern auch für Ladestationen. Über ein grünes Symbol wechselt man in der App zum „Ladestationen Finder". Sie können unter anderem nach Steckertyp und Ladeleistung filtern. Die Ergebnisse zeigt die App auf einer Landkarte oder in Listenform an. (Android/iOS)

ADAC Pannenhilfe: Allzeit gute Fahrt

Android

iOS

Oft bietet der Hersteller Ihres Fahrzeugs einen Pannenservice. Sind Sie jedoch mit einem Fahrzeug unterwegs, für das es keine Mobilitätsgarantie gibt, können Sie die Hilfe vom ADAC in Anspruch nehmen. Die Plus-Mitgliedschaft umfasst dabei ganz Europa, für die Premium-Mitgliedschaft gilt der Service weltweit. Sie müssen allerdings kein Mitglied sein, um den Pannendienst des ADAC in Anspruch zu nehmen. Im begrenzten Umfang hilft der Club auch Nicht-Mitgliedern kostenlos weiter, oder ruft ein anderes Straßendienstunternehmen. Gegen Gebühr sind auch Hilfestellungen wie das Abschleppen möglich.

Im Falle einer Panne oder eines Unfalls müssen Sie zunächst Ihr Fahrzeug sicher abstellen und darauf achten, dass sich die Beteiligten nicht in einem Gefahrenbereich befinden. Die App bietet dazu auf der Startseite eine Unfallcheckliste mit sechs Punkten an. Zudem können Sie schnell auf wichtige Rufnummern wie den Notruf und den der ADAC Pannenhilfe zugreifen.

Als ADAC-Mitglied anmelden

Als ADAC-Mitglied können Sie sich mit Ihrer Mitgliedsnummer anmelden. Ein oder mehrere Fahrzeuge lassen sich für eine spätere Pannenmeldung angeben. Sind Sie sprach- oder hörgeschädigt, können Sie die Pannenmeldung über die App auch per E-Mail und SMS übermitteln. Dazu aktivieren Sie in Ihrem Profil unter *Persönliche Angaben* die Checkbox zu *Ich bin sprach- oder hörbehindert*.

Hilfe per App rufen

Haben Sie eine Panne und möchten über die App den ADAC rufen, dann tippen Sie im Startfenster auf *Pannenhilfe anfordern*. Die

App kann auf Ihre aktuelle Position zugreifen und diese übermitteln. Alternativ lässt sich der Schadensort auf der Karte wählen. Im nächsten Schritt geben Sie die Art des Schadens an, beispielsweise *Springt nicht an*, *Reifen* oder *Unfall*. Sind Sie bereits als ADAC-Mitglied in der App angemeldet, werden im nächsten Schritt alle Angaben übernommen. Sie haben noch die Möglichkeit, Anmerkungen anzufügen und können dann die Pannenhilfe anfordern. Den Status der Pannenmeldung bis zum Eintreffen des Pannenhelfers lässt sich nach einer Meldung über die App chronologisch verfolgen. Bevor Sie die App nutzen, checken Sie, ob eine stabile Datenverbindung besteht. Anderenfalls rufen Sie besser den Pannendienst an.

→ **AvD**

Der „Automobilclub von Deutschland" bietet ebenfalls einen Pannenschutz an, der je nach Tarif weltweit unter anderem einen Abschleppwagen organisiert oder die Kosten von Übernachtungen, Mietwagen oder Zug übernimmt. Über die App können Sie im Notfall den AvD direkt anrufen oder eine Panne/einen Unfall online melden. (Android/iOS)

→ **ACE**

Den Pannenservice des Auto Club Europa können nur Mitglieder über eine eigene App nutzen. Melden lässt sich eine Panne entweder per App oder per Telefonanruf. Die App bietet darüber hinaus einen Preisvergleich von Tankstellen, einen Navigator, eine Übersicht von Anwälten in der Nähe sowie eine Weiterleitung zum eigenen Vignetten-Shop. (Android/iOS)

Unterwegs in der Natur

Sich im Gelände orientieren und die Pflanzenwelt entdecken gelingt mit passenden Apps erstaunlich einfach. Zudem können Sie mit speziellen Navigations-Apps die schönsten Wanderrouten und Fahrradstrecken oder sogar Skitouren entdecken. Ski- und Bergbegeisterte prüfen die Schneelagen der Skiregionen und erfahren, welche Berge sich ringsum befinden.

Genügend Energie für Frischluft-Verrückte

Als Navigation für Naturbegeisterte sind spezielle Apps für Outdoor-Aktivitäten eine große Hilfe. Doch nur solange der Akku genügend Energie liefern kann. Achten Sie daher drauf, dass das Smartphone vor der Tour geladen ist. Bei kaltem Wetter verringert sich die Akkulaufzeit mitunter drastisch. Empfehlenswert ist, dass Sie eine Powerbank mit Ladekabel mitnehmen.

Offline-Betrieb verwenden

Viele der Apps für unterwegs bieten die Möglichkeit, Karten oder weitere Infos auf das Smartphone zu laden. So sparen Sie zusätzlich Energie und können die App auch ohne Internet-Verbindung verwenden. Laden Sie daher am besten bei guter WLAN-Verbindung zu Hause alle Daten für die Gegend herunter, in der Sie Touren unternehmen möchten. Mit Apps wie Komoot oder Bergfex/Ski können Sie zudem vom Sofa aus bequem Touren planen. Apps wie Google Maps und Peak Finder ermöglichen es zudem, sich schon vorab in der Urlaubsregion zu orientieren.

Komoot: Radtouren und Wanderungen auf bewährten Pfaden

Android

iOS

Wandern oder Fahrradtouren sind eine tolle Möglichkeit, vom Alltag abzuschalten und die Natur intensiv zu erleben. Nahezu jede Region auf der Welt bietet passende und idyllische Wege. Dank Smartphone mit GPS-Ortung sind die Zeiten der Wanderkarten aus Papier vorbei. Mit verschiedenen Apps können Sie neue Wege entdecken und sich den Weg zeigen lassen. Komfortabel ist die Navigation mit Komoot. Diese App teilt sich neben Outdooractive mit jeweils gut (2,5) den ersten Platz bei unserem Vergleichstest von Wander-Apps in der Ausgabe test 10/2021.

Wandern, Fahrradfahren und mehr

Außer Tourenvorschläge und Navigation für Wanderungen und Jogging bietet Komoot Touren für Fahrradtouren, Radwanderungen und Rennrad an. Somit ist diese App bestens für sportliche Nutzer geeignet, die im Alltag eine Trainingsrunde drehen möchten und Touren für spontane Ausflüge und im Urlaub unternehmen wollen. Die Mitglieder von Komoot füttert den Dienst mit einer Vielzahl an Touren. Auch Sie können eigene Routen für andere Benutzer freigeben, indem Sie die Stecke aufzeichnen (tracken). Für nahezu jede Region lassen sich auf diese Weise Tourenvorschläge ansehen und nachwandern beziehungsweise -fahren.

Eine Region kostenlos

Komoot überzeugt wie Outdooractive mit der besten Navigation. *Pfeile* zeigen bei beiden Apps die Richtung an, in die Sie gehen beziehungsweise fahren müssen. Zudem bieten beide Apps eine Sprachausgabe. Mit der kostenlosen Version von Komoot lässt sich eine Region aussuchen, mit der auch die Navigation möglich ist. Möchten Sie weitere Regionen erschließen, dann können Sie eine Einzelregion dauerhaft für 3,99 Euro, ein Regionen-Paket für 8,99 Euro oder alle Regionen weltweit für 29,99 Euro erwerben. Im Abo für 4,99 Euro pro Monat erhalten Sie mit Komoot premium weitere Funktionen, die sich für Outdoor-Enthusiasten eignen. Die Käufe lassen sich auch auf anderen Geräten nutzen, sofern Sie sich mit Ihrem Komoot-Konto angemeldet haben.

Touren offline nutzen

Das Kartenmaterial zu den gekauften Regionen lässt sich auf das Smartphone laden, damit Sie ohne Internet-Verbindung navigieren können. Dazu tippen Sie unten rechts auf *Mehr*, wählen oben unter *Freigeschaltete Pakete* die gewünschte Region aus und aktivieren *Offline verfügbar*.

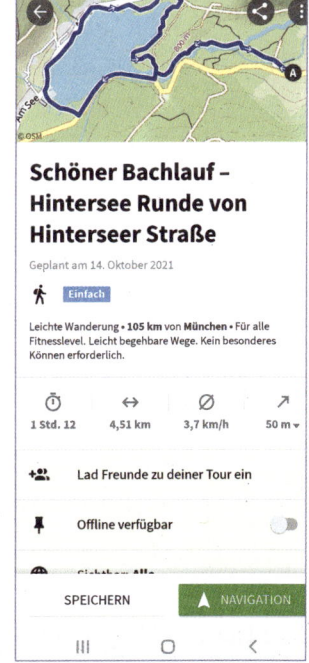

→ **Outdooractive**

Die Outdoor-App bietet wie Komoot eine ausgezeichnete Navigation mit Pfeilen und Sprachausgabe. Sie lässt sich auch in der kostenlosen Version nutzen, sofern eine Internet-Verbindung vorhanden ist. Die kostenlose Version blendet zudem Werbung ein. Alle Karten weltweit lassen sich für 29,99 Euro pro Jahr freischalten und offline nutzen. Auch die Werbung blendet die App dann aus. Außer Touren für Wanderer und Fahrradfahrer bietet Outdooractive Wintertouren wie etwa Schneeschuh-Wanderung oder Skitouren sowie Wasser- und Pferdetouren an. Auch motorisierte Touren, darunter Wohnmobil oder Motorrad, sind möglich. (Android/iOS)

Bikemap: Fahrradtouren von sportlich bis entspannt entdecken

Android

iOS

Sie möchten für eine Fahrradtour schöne Tourenvorschläge erhalten? Dann eignet sich Bikemap, die mit über 8,7 Millionen Einträgen nach eigener Aussage die weltweit größte Radroutensammlung bietet. Die Mitglieder dieser App können ihre Touren veröffentlichen, die Sie über *Entdecken* finden. Die App zeigt alle Touren rund um Ihren Standort. Über das *obere Suchfeld* lässt sich zudem ein Ort oder eine Region Ihrer Wahl eingeben. So können Sie vor der Reise nach interessanten Touren am Urlaubsort suchen.

Für die Toskana findet die App beispielsweise über 2 700 Touren, von sportlich mit Rennrad oder Mountainbike bis gemütlich. Die Vorschläge können Sie nach verschiedenen Kriterien eingrenzen. So lässt sich über den Filter die Länge der Tour bestimmen, oder ob es eine Rundstrecke sein soll. Wählen Sie zudem den Typ des Fahrrads nach Mountainbike, Citybike oder Rennrad sowie den Belag nach Asphalt, Unbefestigt oder Schotter. Tippen Sie eine interessante Tour aus der Liste an, dann erhalten Sie Detailinformationen wie etwa die Distanz und die zu bewältigenden Höhenmeter. Möchten Sie die Route fahren, dann tippen Sie unten rechts auf *Start*.

Navigation starten

Nutzen Sie die kostenlose Version, dann brauchen Sie eine Internet-Verbindung für die Navigation. Mit dem Abo für 6,99 Euro pro Monat oder 34,99 Euro pro Jahr lassen sich die Karten und die Routen auch offline verwenden. Praktisch: Besitzer einer Smartwatch können die Navigation auf ihr anzeigen lassen.

Im Bereich *Karte* können Sie eine Navigation zu einem Ziel starten, das Sie im oberen *Suchfeld* eingeben. Bikemap schlägt verschiedene Routen vor, die zu Ihrem Fahrertyp passen: *Ausgeglichen*, *Schnellste* sowie in der Aboversion *Rennrad* und *Mountainbike*. Ist der Startpunkt Ihre aktuelle Position, können Sie die Navigation starten oder als geplante Tour speichern. Praktisch: Vor dem Urlaub können Sie bereits zu Hause Touren planen und speichern, indem Sie für den *Startpunkt* eine andere Adresse angeben.

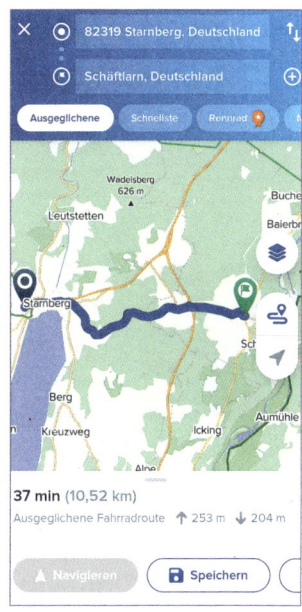

Navigation starten und aufzeichnen

Eigene Fahrradtouren können Sie aufzeichnen und später mit anderen Bikemap-Nutzern teilen. Wählen Sie im unteren Bereich *Karte*, um die Kartenansicht aufzurufen. Tippen Sie dazu auf das Symbol *Rec Start* unten links in der Kartenansicht. Über dasselbe Symbol lässt sich die aktuelle Geschwindigkeit, Fahrtdauer und zurückgelegte Strecke anzeigen sowie die Aufzeichnung beenden. Hilfreich ist es, wenn Sie das Smartphone mit einer Halterung am Lenkrad befestigen.

→ **Naviki**

Neben einer Navigation für Fahrradfahrer können Sie mit Naviki Routen planen. Viele Funktionen lassen sich auch mit der kostenlosen Version nutzen. Per In-App-Käufen können Sie Naviki für 4,79 Euro auch offline nutzen. Je 4,79 Euro kosten Routenalternativen für Rennrad oder Mountainbike. Erweiterte Navigationsanweisungen auch mit Sprachansage sowie eine Routenplanung kosten je 3,79 Euro. (Android/iOS)

Bergfex / Ski: Skigebiete entdecken und Pistenpläne im Blick

Android

iOS

Möchten Sie ein paar schöne Skitage in den Alpen erleben, dann können Sie aus unzähligen kleineren und größeren Skigebieten wählen. Für jeden Geschmack gibt es die passenden Pisten: von der gemütlichen blauen Piste mit einem entspannten Einkehrschwung in urige Skihütten bis zur schwarzen Piste für Wagemutige und Funparks für Action-Liebhaber. Das passende Skigebiet finden Sie mit Bergfex/Ski. Die App bietet eine umfangreiche Übersicht von Skigebieten im Alpenraum, beispielsweise 124 Skigebiete in Tirol.

Ihre Skigebiete im Blick

Aus einer nach Ländern und Regionen sortierten Liste wählen Sie über ein *Herz-Symbol* die Skigebiete aus, die Sie zu einer *Favoriten-Liste* (iOS: *Merkliste*) hinzufügen. Mit der iPhone-Version haben Sie zudem die Möglichkeit, die Skigebiete auf einer Karte auszusuchen. Sind Skigebiete der Favoritenliste zugefügt, werden sie als Startseite angezeigt. Neue Skigebiete lassen sich in der Favoriten-Liste mit dem blauen *Plus-Symbol* (iOS: *Lupen-Symbol*) zufügen, das sich oben rechts befindet.

Über die *Favoriten-Liste* erhalten Sie einen schnellen Zugriff auf alle Infos der Skigebiete, die Sie zugefügt haben. Auf einen Blick sehen Sie so das aktuelle Wetter und die Schneehöhen im Tal und auf dem Berg. Das ist hilfreich, wenn Sie im Skiurlaub mehrere Skigebiete besuchen und entscheiden möchten, ob das Wetter und der Schnee für einen Skitag geeignet sind. Dazu bietet die Favoriten-Liste in der Kopfzeile die drei Ansichten *Überblick*, *Webcams* und *Wetter*. Tippen Sie im Bereich *Übersicht* auf ein Skigebiet, dann erhalten Sie alle wichtigen Informationen inklusive Pistenplan. Zudem können Sie für die Anfahrt eine Navigations-App Ihrer Wahl öffnen.

Skilehrvideos und mehr

Eine Tagesübersicht des Wetters auf dem Berg zeigt bereits die kostenlose Version für jede Skiregion an. Im Abo für 4,99 Euro pro Jahr bietet die App darüber hinaus einen Wetterradar sowie eine Wettervorhersage. Außerdem blendet die App Werbung aus, die in der Favoritenliste erscheint. Die Informationen der kostenlosen Version reichen bereits aus, um einen Skitag zu planen. Außer detaillierter Wetterinfos bietet die Pro-Version Skilernvideos, die man jedoch auch auf dem kostenlosen Youtube-Kanal von bergfex ansehen kann.

→ **Skiressort**

Auf einer Karte zeigt Skiressort selbst die exotischsten Skigebiete weltweit an, seien sie in Nordkorea, Marokko oder Brasilien. Auch in Europa ist die Auswahl riesig, beispielsweise findet man in der Nähe der Lüneburger Heide ein Ski Dome. Skigebiete können Sie als Favoriten speichern und Detailinformationen wie etwa den Pistenplan und das aktuelle Wetter aufrufen. Praktisch: Die Skigebiete lassen sich unter anderem auch nach Bewertung, ihrer Größe und Höhenlage filtern. (Android/iOS)

PeakFinder: Erfahren Sie, welchen Berg Sie sehen

Android

iOS

Auf Wanderungen durch die Berge möchte man besonders bei markanten Gipfeln gerne wissen, wie der Berg heißt und wie hoch er ist. An Aussichtspunkten sieht man mitunter eine Schautafel, die auf Namen und Höhe der umliegenden Berge weist. Dieses Prinzip haben einige Apps in das Digitale übertragen, nur etwas besser und genauer: Über das Live-Bild der Berge, das mithilfe der Smartphone-Kamera angezeigt wird, erkennen die Apps anhand der Silhouette automatisch den Berg. Über den aktuellen Standort, den die App über die GPS-Daten Ihres Smartphones erhält, und dem digitalen Kompass kann sich die App an jedem Punkt in den Bergen orientieren. Dank der Technik Augmented Reality (AR) blendet sie den Namen des Berges und in der Regel seine Höhe ein.

Offline-Infos für Berge weltweit

Meist lassen sich diese Apps kostenlos nutzen. Für die App PeakFinder muss man einmalig 4,69 Euro (iPhone: 4,99 Euro) zahlen. Doch dafür können Sie weltweite Informationen zu den Bergen herunterladen und die App auf einer Wanderung auch ohne Internetverbindung verwenden. Über 850 000 Bergnamen beinhaltet die Sammlung. Berge bis maximal 300 Kilometern Entfernung zeigt die App an.

PeakFinder bietet zwei Darstellungsmöglichkeiten: Entweder werden die Berginformationen auf weißem Hintergrund angezeigt oder als Überlagerung eines Live-Bildes. Zwischen den Darstellungen wechseln Sie per *Kamera-Symbol* oben links. Den Horizont können Sie verschieben. So bringen Sie die Überlagerung besser mit dem Live-Bild in Einklang. Die digitale *Schautafel* lässt sich vergrößern, um Informationen zu weiteren Bergen in der gewünschten Richtung zu erhalten. Über das *Auge-Symbol* unten links können Sie die Anzeige der Berge eingrenzen auf die maximale Entfernung zum Berg und seine minimale Höhe. Über die *drei Striche oben links* gelangen Sie zu den *Einstellungen* der App. Praktisch: Hier lässt sich der Lauf der Sonne und des Mondes darstellen sowie die Schriftgröße vergrößern. Damit die App exakter arbeiten kann, können Sie zudem den digitalen Kompass kalibrieren.

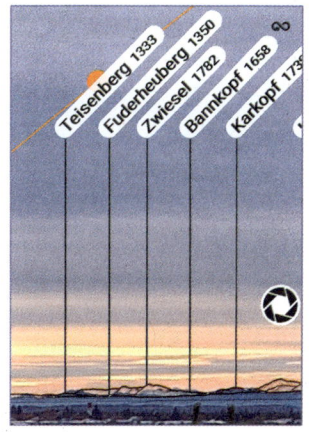

Virtuelle Bergtour

Über *Standortwahl* lässt sich aus einem Gipfelverzeichnis oder auf einer Kartenansicht ein beliebiger Standort in den Bergen wählen. So können Sie von diesem virtuellen Standpunkt aus die umgebenden Berge betrachten. Deaktivieren Sie dazu am besten die AR-Funktion, das Kamera-Symbol oben wird dann weiß dargestellt.

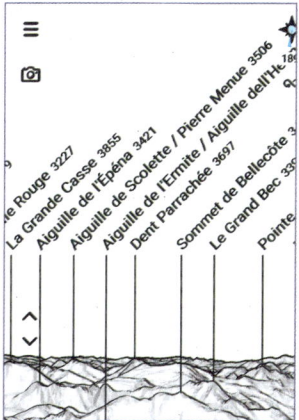

→ **AR Berge Karte**

Die Grundfunktionen dieser kostenlosen App sind überwiegend identisch mit denen von PeakFinder. Allerdings lässt sich AR Berge Karte nur mit einer bestehenden Internetverbindung verwenden. Zudem wird am unteren Displayrand ein Werbebanner eingeblendet. (Android/iOS)

→ **PeakLens**

Etwas sperriger und auf das Querformat optimiert ist die kostenlose App PeakLens. Sie bietet zwar weniger Funktionen und ist nicht so komfortabel wie PeakFinder. Dafür lassen sich Berginformationen nach Ländern weltweit herunterladen. Die Länderliste ist in Englisch, so müssen Sie zum Beispiel nach „Austria" oder „Germany" suchen. (Android)

Picture This: Pflanzen bestimmen

Android

iOS

In der Natur entdecken Sie immer wieder faszinierende Pflanzen, deren Namen und Ursprung Sie wissen möchten. Das Smartphone hilft Ihnen auf denkbar bequeme Weise zu erfahren, um welche Pflanze es sich handelt. Apps wie Picture This können mit der Bilderkennung von künstlicher Intelligenz erstaunlich zielsicher herausfinden, welche Pflanze Sie bestimmen möchten. Sie müssen lediglich ein Foto von den Blüten oder Blättern aufnehmen und die App erkennt automatisch, um welche Pflanze es sich handelt.

Picture This richtet sich auch an Hobbygärtner. Sie können zu jeder erfassten Pflanze ein Tagebuch erstellen und erhalten neben Infos zum Gewächs auch Pflegehinweise und Erklärungen zu Krankheiten. Für den Naturliebhaber ist die App eine interessante Informationsquelle, weil sie neben kultivierten Garten- und Zimmerpflanzen auch Wildpflanzen und Bäume erkennt.

Alle Funktionen im Abo

Nach dem Start der App erhalten Sie einen Hinweis zur Abo-Version. Das Hinweisfenster können Sie über ein unscheinbares Kreuz oben rechts ausblenden und die App kostenlos nutzen. Darin lassen sich bereits eine geringe Anzahl an Pflanzen per Kamera bestimmen und auf Wunsch einer eignen Sammlung zufügen. Mit der Vollversion im Abo für 19,99 Euro pro Jahr können Sie unbegrenzt rund 10 000 Pflanzenarten bestimmen. Die Funktionen lassen sich sieben Tage kostenlos testen.

Pflanzen bestimmen und eigene Sammlung erstellen

Auf der *Startseite* der App erhalten Sie ein Journal für Pflanzenfreunde. Es zeigt neben einigen Büchern, von denen eines in der

Abo-Version kostenlos ist, eine Übersicht beliebter Pflanzen in acht Kategorien. Die Pflanzenerkennung starten Sie über das *große Kamera-Symbol* im unteren Bereich oder über das *kleinere blaue Kamera-Symbol „Erkennen"*, das Sie im oberen Bereich finden. Für die Bildanalyse benötigt die App eine Internetverbindung. Sie können die Pflanzen auch vor Ort fotografieren und die Bilder später mit der App auswählen.

→ **PlantNet**

Die kostenlose App wurde von drei französischen Forschungseinrichtungen entwickelt. Sie erkennt über 4 100 Wildpflanzen, die in Frankreich verbreitet sind. Zum Bestimmen einer Pflanze können Sie diese mit einer integrierten Kamera knipsen oder ein Bild aus Ihrer Fotobibliothek wählen. Sie erhalten eine Auswahl von Pflanzen, die mit Ihrer Pflanze übereinstimmen könnten. Neben einer allgemeinen Info wird ein Wikipedia-Link zur Pflanze angegeben. Auf einer Weltkarte können Sie sehen, wo sie von anderen eingetragen wurde. (Android/iOS)

→ **Google Lens**

Unzählige Gegenstände, Pflanzen, Tiere können Sie mit Google Lens fotografieren und mit der Bilderkennung von Google bestimmen lassen. Auch Fotos aus der Fotobibliothek lassen sich auswählen. Hervorragende Ergebnisse liefert die kostenlose App Google Lens (Android) auch für Pflanzen, Tiere und Insekten. Die App zeigt Wikipedia-Einträge und Google-Suchergebnisse zu dem ermittelten Treffer. iPhone-Besitzer laden die App Google, öffnen diese und wählen rechts im Suchfeld das bunte Kameraicon aus. (Android/iOS)

what3words: Jeden Ort auf der Welt finden

Android

iOS

Eine exakte Übermittlung Ihrer Position ist in vielen Fällen hilfreich und kann Ihnen sogar im Notfall gute Dienste leisten. Ob Sie nun in der Natur unterwegs sind und sich besonders schöne Plätze merken oder Hilfe bei einer Panne irgendwo auf einem Autobahnabschnitt holen wollen. Dank GPS-Daten kann ein Smartphone zwar exakt seinen Ort bestimmen. Doch die Frage ist oft, wie man den Standort auf dem einfachsten Weg an andere übermittelt oder sich merken kann.

Eine elegante Möglichkeit bietet der Dienst what3words. Es unterteilt die gesamte Welt in drei mal drei Meter große Quadrate, die sich über eine individuelle Kombination aus drei Wörtern adressieren lassen. Diese Wortkombination können Sie speichern oder an andere übermitteln. Betrachten kann der Empfänger den Ort in der App oder direkt in einem Webbrowser. Eine Registrierung braucht es dazu weder für Sie noch für den Empfänger. Dieser Dienst ist werbefrei im vollen Umfang kostenlos. Den Standpunkt können Sie mit what3words auch ohne Internetverbindung bestimmen. So lassen sich markante Orte auf einer Tour merken und wiederfinden.

Eigenen Standort ermitteln

Auf der *Startseite* zeigt die App eine Google-Karte, die man bei bestehender Internetverbindung auch auf Satellitenansicht wechseln kann. Tippen Sie auf einen *beliebigen Punkt auf der Karte*, dann erscheint im Textfenster die passende Adresse aus drei Wörtern. Sie können bei bestehender Internetverbindung die Adresse über das untere *Teilen-Symbol* zu anderen Personen weiterleiten, beispielsweise per E-Mail oder Dropbox. Alternativ rufen Sie den Empfänger an, geben ihm die Adresse durch und erklären, dass Sie sich in der

App oder auf der Internetseite what3words.com eingeben lässt. Über *Wegbeschreibung* kann man mit einer beliebigen Navigations-App die Route zu der Adresse starten. Das ist für unerschlossenes Gelände auch mit Outdoor-Navigatoren wie Komoot oder Bikemap möglich.

Fotofunktionen nutzen

Über die *drei Striche oben links* lässt sich der Fotomodus aufrufen, der für das Teilen auf sozialen Medien wie etwa Instagram interessant ist. Sie können ein Foto aufnehmen und es mit der Adresse versehen. Zudem lässt sich ein Bild aus der Fotobibliothek auswählen. what3words ermittelt die Adresse aufgrund der Geodaten, die mit dem Foto gespeichert wurden. Sie können diese auch ändern, indem Sie einen anderen Punkt auf der Karte auswählen.

→ **Google Maps**
  Auf Google Maps kann man durch längeres Tippen auf die Stelle der Karte eine Stecknadel setzen, um dessen Koordinaten zu ermitteln. Diese erscheinen im unteren Bereich mit der Möglichkeit, direkt eine Route zu diesem Punkt zu starten. Haben Sie zuvor das Kartenmaterial heruntergeladen, funktioniert das auch offline. Wischen Sie den unteren Bereich nach oben, können Sie online den Standort etwa per E-Mail oder WhatsApp teilen oder ihn in einer eigenen Liste speichern. (Android/iOS)

Wetter- und Umweltbedingungen im Blick

Wetter-Apps liefern aktuelle Daten etwa zur Temperatur, Bewölkung, Niederschlag und Wind. So können Sie Unternehmungen der nächsten Tage planen und sich mit speziellen Apps vor Unwetter und Katastrophen warnen lassen. Erfahren Sie mit speziellen Apps zudem, wo sich ein Sternenhimmel besonders gut betrachten lässt.

Machen Sie das Beste aus dem Wetter

Wetter-Apps bieten für jede Anforderung die richtige Vorhersage, beispielsweise für Wassersportler, Segler oder Piloten. Die Wetter-Apps können aus einem Pool von Tausenden von Wetterdaten schöpfen. Das Wetter für die nächsten Tage lässt sich allerdings nur bedingt einschätzen. Bis zu fünf Grad weicht die tatsächliche Temperatur bei einer Vorhersage für das Wetter in 14 Tagen ab. Das hat eine Stichprobe von Stiftung Warentest für die Wettervorhersage in Berlin ergeben. Bis zu vier Tage in die Zukunft sind die Vorhersagen der Wetter-Apps oft recht genau, so die weiteren Ergebnisse des Tests.

Wetter auf der Smartphone-Startseite

Widgets (siehe auch „Ihre Android-Apps wohl geordnet" Seite 13) sind besonders für die Wettervorhersage eine praktische Ergänzung. Sie erhalten so auf einem Android-Smartphone und auf dem iPhone einen schnellen Zugriff auf das aktuelle Wetter. Ein Widget für eine einfache Wettervorhersage ist bereits vorinstalliert. Doch vor allem das Widget von Wetter.com bietet mehr: In der kostenlosen Version erhalten Sie Kurzinfos zum aktuellen Wetter und für die nächsten beiden Tage. Ergänzen lässt sich die Anzeige mit detaillierten Windinformation der App Windy.

Wetter.com: Ihre Wetterstation in der Tasche

Android

iOS

Es gibt bekanntlich kein schlechtes Wetter, sondern nur falsche Kleidung. Mit einer guten Wettervorhersage können Sie Ausflüge oder Kurzurlaube besser planen und gegebenenfalls einen Regenschirm statt Sonnencreme einpacken. Auf Ihrem Smartphone ist in der Regel ein solches Programm vorinstalliert. Der Vorteil ist, dass Sie das Wetter unkompliziert auch *per Sprachassistenten* abfragen können. Allerdings zeigen andere Wetter-Apps mehr Informationen an.

Vielfältige Wetterdaten

Von der Vielzahl an Wetter-Apps liefert die App von Wetter.com vergleichsweise genaue Vorhersagen, wie unser Test von Wetterdiensten in der Ausgabe test 5/2014 ergeben hat. Neben einem Regenradar liefert die App Zusatzinformationen wie Windgeschwindigkeit und -richtung sowie Pollenflug und Warnwetter. Zudem bietet die App ein hervorragendes Widget für Android und iPhone. Wie Sie ein Widget einrichten und verwenden können, erfahren Sie auf Seite 13. Wetter.com können Sie in vollem Umfang kostenlos nutzen. Allerdings wird Werbung eingeblendet, die manchmal störend sein kann. Im Abo für 0,99 Euro pro Monat beziehungsweise 4,99 Euro pro Jahr blendet die App die Werbung aus. Zudem gibt es ein etwas teureres Monats- oder Jahresticket, das sich nach Ablauf nicht automatisch verlängert.

Orte wählen und Vorhersage ansehen

Auf der *Startseite* zeigt Wetter.com die Vorhersage Ihres aktuellen Standorts für den aktuellen Tag an. *Wischen Sie die Anzeige nach oben*, erscheint die *Vorschau der nächsten sieben* Tage, gefolgt von

einem *16-Tage-Trend*. Dieser ist allerdings wie bei allen Wetterdiensten zu ungenau für eine verlässliche Aussage. *In der oberen Leiste* können Sie mit der Android-Version neben dem vorgewählten Reiter *Wetter* auch ein *Regenradar*, *Webcams* und *Videos aus der Umgebung* sowie eine *Pollenflug-Vorhersage* wählen. Interessant ist hier vor allem der *Regenradar*, der die Regenmenge auf einer Karte anzeigt.
Unser Tipp: Rufen Sie besser die detailliertere Ansicht über die *drei Striche oben links* auf (iPhone *unten links*). Diese zeigt eine *Legende* und bietet als weitere Ansicht eine *Niederschlagsvorhersage*. Über dieses Menü können Sie unter anderem eine *Unwetterwarnung* einblenden. Außer Ihrem aktuellen Standort können Sie weitere Orte hinzufügen, zwischen denen sich schnell wechseln lässt. Wählen Sie dazu auf der *Startseite* das *Plus-Symbol* oben rechts.

→ **Wetteronline**

Diese Wetter-App punktet mit einem umfangreichen Wetterradar, das auf einer Karte Ansichten für Wolken, Regen, Temperatur sowie Windstärke und -richtung anzeigt. Auf Wunsch können Sie sich Mitteilungen zu Unwetterwarnungen oder Wetter News erhalten. Bei der Zuverlässigkeit der Vorhersagen landete Wetteronline nach Wetter.com bei der Stiftung Warentest auf dem zweiten Platz. Für 0,99 Euro im Monat beziehungsweise 6,99 Euro jährlich wird die Werbung ausgeblendet. (Android/iOS)

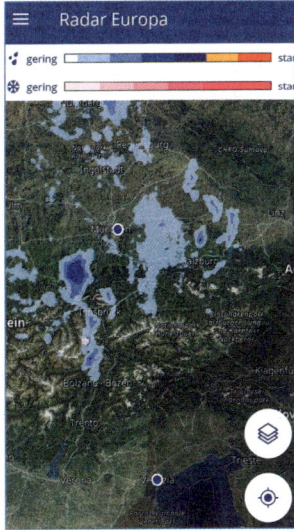

Nina: Warnen vor Sturmflut, Dauerregen, Blitz und Hagel

Android

iOS

Extreme Wetterlagen wie Regenfälle, Sturmfluten oder Orkane können zu einer ernsten Bedrohung werden. Vor diesen Gefahren muss die Bevölkerung ebenso gewarnt werden wie etwa vor Großbränden, Terroranschlägen, Amokläufen oder Bombenfunden. Eine von mehreren Möglichkeiten dazu sind Warn-Apps. Nina ist seit 2015 die offizielle Warn-App des Bundesamts für Bevölkerungsschutz und der Katastrophenhilfe (BBK). Informationen erhält die App nur über das Internet, daher kann sie nur unterstützend, aber nicht als alleinige Informationsquelle dienen.

Nina erhält die Meldungen unter anderem über das Modulare Warnsystem (MoWaS) des BBK. Landkreise, kreisfreie Städte, Behörden und Hilfsorganisationen können hierüber Warnmeldungen verschicken. Weitere Quellen sind andere App-Dienste wie Biwapp und Katwarn, wie test.de auf Nachfrage beim BBK erfahren hat. Ab einer gewissen Warnstufe kommen Informationen vom Deutschen Wetterdienst und der Hochwasserzentrale.

Meldungen zu Ihren Regionen

Auf der *Startseite* der App wählen Sie unter *Meine Orte* die Regionen aus, über die Sie Meldungen erhalten möchten. Außer Ihrem aktuellen Standort sind das beliebige Regionen in Deutschland. Sie können den Radius von einem Kilometer bis *Gemeinde* und *Landkreis* wählen. Unter *Meine Orte* erscheint dann eine Liste mit allen Warnmeldungen in Ihren Regionen. Tippen Sie auf *Karte*, dann erscheinen Warnhinweise für die Regionen je nach Gefahrenlage in den Farben Orange, Rot und Violett. *Tippen Sie auf einen farblich markierten Bereich*, dann erhalten Sie ausführliche und aktuelle Informationen dazu.

→ **BIWAP**

Diese App nutzt unter anderem die Meldungen des MoWaS. Sie können Meldungen eines oder mehrerer Orte mit einem Radius von maximal 100 Kilometern empfangen. In einer Liste wählen Sie, welche Art der 17 Benachrichtigungen Sie empfangen möchten. Die Spanne reicht von Hochwasser, Unwetter oder Erdrutsch bis hin zu Polizeimeldungen, Großbrand oder Bombenfund. (Android/iOS)

→ **WarnWetter**

Extreme Wetterlagen wie Starkregen, Sturmfluten und Orkane zeigt die Warn-App vom Deutschen Wetterdienst sehr exakt an. Regionen mit Warnungen markiert sie farblich: von Grün für keine Warnungen bis Rot für mögliche Gefahren. Wer einmalig 1,99 Euro zahlt, erhält weitere exakte Infos wie Wettervorhersagen und Niederschlagsradar. Darum kann sich WarnWetter als Alternative zu anderen Wetter-Apps eignen. (Android/iOS)

→ **Mein Pegel**

Auf einer Karte für Deutschland und die Niederlande zeigt die App farblich gekennzeichnet Regionen mit Hochwasser und Überschwemmungen an. Sie können detaillierte Infos zu einzelnen Regionen aufrufen sowie Orte als Favoriten anlegen, über die Sie informiert werden möchten. Herausgeber der kostenlosen App sind die Landesanstalt für Umwelt Baden-Württemberg (LUBW) und das Bayerische Landesamt für Umwelt (LfU). (Android/iOS)

Windy: Alle Wetterdaten für Detailverliebte

Android

iOS

Möchten Sie als Segler, Windsurfer oder Kitesurfer die optimalen Bedingungen für Ihren Sport erfahren, dann helfen detaillierte Wetterdaten wie etwa Windstärke und Windrichtung. Das ist auch für Piloten, Gleitschirmflieger oder Fallschirmspringer wichtig. Hilfreich ist dazu die App Windy, die alle Wetterdaten weltweit grafisch darstellt. Prominent ist die Windvorhersage, wie es der Name der App bereits verrät. Auf der Karte zeigt sie animiert die Windrichtung und die Geschwindigkeit. Die Windstärke ist markiert: von *Blau* für wenig Wind über *Grün* für mäßigen Wind bis hin zu *Orange*, *Rot* und *Violett* für stärkeren Wind bis hin zum Orkan. Wenn Sie *längere Zeit auf eine beliebige Stelle auf der Karte tippen*, können Sie dazu über *Vorhersage für diesen Ort* sämtliche Wetterdaten aufrufen. Sie erhalten eine *Vorhersage* für mehrere Tage. Wenn Sie diese *bis ans Ende wischen*, können Sie einen *Alarm* für diesen Ort einstellen. Sie werden dann informiert, sobald die Windverhältnisse Ihren Wünschen entsprechen.

Dutzende Wetterkarten

Es dürfte einige Abende dauern, bis Sie alle Kartenansichten entdeckt haben: Außer der grafischen Darstellung der Windverhältnisse lassen sich eine Vielzahl weiterer Wetterdaten auf der Karte betrachten. Tippen Sie dazu an der rechten Seite auf das *Wolkensymbol mit Blitz*, um ein Wetterradar oder eine Satellitendarstellung zu sehen. Über die *drei Striche darunter* können Sie sich wieder die *Windkarte* und weitere Ansichten für *Regen*, *Neuschnee*, *Gewitter* und *Temperatur* anzeigen lassen. Ebenfalls dabei sind verschiedene Ansichten der *Wolken*, die für Piloten oder Gleitschirmflieger interessant sind. Wassersportler können Karten für *Dünung*,

Seegang (Wellenhöhe) und die *Meerestemperatur* aufrufen. Über *Mehr Ebenen* lassen sich über 40 Kartenansichten miteinander kombinieren.

Orte für Wassersportler, Gleitschirmflieger und Flughäfen

Auf der Karte können Sie verschiedene *Icons einblenden*, die *Kite- und Windsurf-Orte*, *Startplätze für Gleitschirmflieger* und *Flughäfen* anzeigen. Auch *Webcams* lassen sich so finden: So können Sie unkompliziert weltweit die *Live-Bilder* betrachten. Die kostenlose Windy-Version reicht bereits aus. Für Profis interessant ist die Premium-Version, die 20,99 Euro jährliche Abo-Gebühr kostet und vor allem exaktere Daten in höherer Frequenz bereitstellt.

→ **Windfinder**

Auf einer Karte zeigt Windfinder ähnlich wie Windy die Windstärke und -richtung grafisch an. Sie können auch in der kostenlosen Variante Orte als Favoriten speichern und schnell auf die Winddaten zugreifen. Möchten Sie über gute Windbedingungen benachrichtigt werden, müssen Sie ein Abo abschließen, das ab 1,49 Euro pro Monat kostet. Dann wird auch der Werbebanner ausgeblendet. (Android/iOS)

Light Pollution Map: Dunklen Himmel für Sternebeobachtung finden

Android

iOS

Lichtverschmutzung ist ein Umweltproblem. Verursacht wird sie durch die zunehmende Beleuchtung in Metropolen. Vor allem bei bewölktem Himmel wird dieses Licht reflektiert und erhellt die Nacht um so mehr. Doch auch bei wolkenlosem Himmel wird es in betroffenen Orten nicht vollständig dunkel. Der Sternenhimmel ist aufgrund der dadurch erzeugten „Lichtglocke" kaum zu erkennen. Im Urlaub können Sie der Lichtverschmutzung entfliehen und einen so klaren Sternenhimmel bestaunen, an dem Sie auch die Milchstraße deutlich erkennen.

Diese besonderen Orte finden Sie mit der App Light Pollution Map. Sie wurde von einem Fotografen vor allem für die Astro- und Naturfotografie entwickelt. Die App bietet eine kostenlose Kartenanwendung, die Informationen zur Lichtverschmutzung über verschiedene Quellen erhält und zusammenführt. Sie zeigt in elf Stufen farblich die Gegenden mit geringer oder gar keiner Lichtverschmutzung bis hin zu hellen Orten. Die *Farbskala*, die Sie *oben rechts über das Schlüsselsymbol* einblenden können, reicht von Dunkelblau- über Grün-, Gelb- und Rottönen bis hin zu Pink für die Gegenden mit der höchsten Lichtverschmutzung. In Deutschland finden Sie laut der Karte Nord-Westlich von Berlin den dunkelsten Nachthimmel. In Österreich gibt es zudem in der Umgebung von Matrei große Bereiche mit nur geringer Lichtverschmutzung. Das wortwörtlich finsterste Land finden Sie – wenig überraschend – in Nordkorea.

Weitere meteorologische und astronomische Informationen

Über die *drei Striche oben links* (iPhone: *Pfeil*) können Sie ein Menü aufrufen, das noch viel mehr Kartenansichten bietet. Mit ihnen lässt sich der Lauf der Sonne, des Mondes und der ISS-Raumstation verfolgen. Mit einem Antippen des *Nacht-Veranstaltungskalender* werden vor allem *Meteoren-Schauer* anzeigt. Reisen Sie in sehr nördliche Gefilde oder gar in die Antarktis, dann können Sie die *Polarlichter* orten. Für ein Jahresabo von 10,99 Euro lassen sich weitere Funktionen nutzen. Dazu zählt eine Überlagerung der aktuellen Wolkenkarte und die Möglichkeit, eigene Standorte als *Favoriten* zu speichern. Unter *Jetzt upgraden* erklärt der Entwickler sehr ausführlich, wofür das Geld verwendet wird.

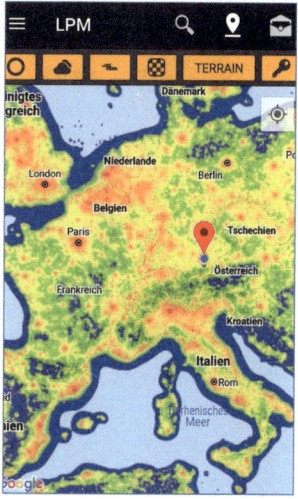

→ **Sky Live**

Die App des Entwicklers Vito Technology zeigt die Bedingungen für eine Beobachtung des Nachthimmels für Ihren aktuellen Standort zunächst in einem Prozentwert an. Er wird aus den vier Kriterien Wettervorhersage, Lichtverschmutzung, sichtbare Objekte und dem Mondlicht bestimmt. Wischen Sie die Anzeige nach oben, erhalten Sie weitere Informationen zu sichtbaren Sternen, Mond und Sonne. Für einmalig 0,99 Euro erhalten Sie erweiterte Informationen. (iOS)

Star Walk 2: Sternbilder im Live-Bild anzeigen

Android

iOS

Wo ist das Kreuz des Südens? Wie finde ich Venus und Saturn? Bei Nacht und am Tag können Sie mit Star Walk 2 schnell und spielerisch zum Hobbyastronomen werden. Die App verwendet dazu die Augmented-Reality-Technik: Es wird eine Sternenkarte exakt in der Richtung angezeigt, in die Sie das Smartphone halten. Dazu erklingt sphärische Musik, die Sie auf Wunsch ausschalten können. Das virtuelle Planetarium können Sie auch offline nutzen.

Zunächst zeigt die App die Sternenkarte auf dunkelblauem Hintergrund. Tippen Sie auf das *Kamera-Symbol* oben rechts, lässt sich das Sternenbild auf einem Live-Bild überlagern, dass die Smartphone-Kamera liefert. Die Deckkraft des Sternenbilds können Sie über den *rechten Regler* einstellen, die Intensität der dargestellten Sterne mit dem *linken Regler*. Tipp: Suchen Sie nun einen markanten Fixpunkt, etwa Mond oder Sonne. Ist die Sternenkarte nicht deckungsgleich mit der realen Darstellung, lässt sie sich *mit zwei Fingern nach links oder rechts verschieben*. Über das *Kreuz-Symbol* oben rechts verlassen Sie die Live-Darstellung, die Sternenkarte erscheint wieder mit dunkelblauem Hintergrund. *Unten rechts* rufen Sie das *Menü* der App auf. Über *Heute sichtbar* zeigt sie alle Himmelskörper, die Sie ad hoc am echten Himmel erkunden können. Für den Start ist die *Einführungstour* empfehlenswert, die Sie weiter unten finden.

Sternbilder und Galaxien aufspüren

Suchen Sie zum Beispiel einen Planeten, können Sie für eine *Spracheingabe* das *Lupensymbol unten links gedrückt halten*. Wenn Sie nur *kurz auf das Lupensymbol tippen*, können Sie per Eingabefeld oder angezeigter Liste suchen. Neben Sternbildern, Planeten und

Galaxien zeigt die App auch Satelliten an. Zwischen diesen Kategorien können Sie im *Suchfenster am untersten Bildschirmrand* wechseln. Haben Sie einen Himmelskörper gewählt, führt Sie ein *Pfeil* direkt zu seiner Himmelsposition. Der *Name* wird unten eingeblendet. Wen Sie den *Namen antippen*, zeigt sich sein frei drehbares 3D-Modell mit detaillierten Informationen.

Per In-App-Kauf mehr Himmelskörper

In der Grundfunktion lässt sich die App kostenlos nutzen. Sie blendet dann ab und an Werbung ein. Für 3,49 Euro per In-App-Kauf wird's werbefrei. Sie können auch mit sechs Erweiterungen noch mehr Himmelskörper entdecken. Das alles gibt es auch im Komplettpaket für einmalig 6,99 Euro oder 1,09 Euro pro Monat.

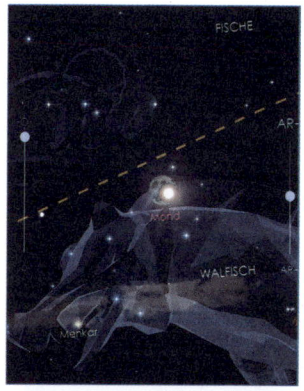

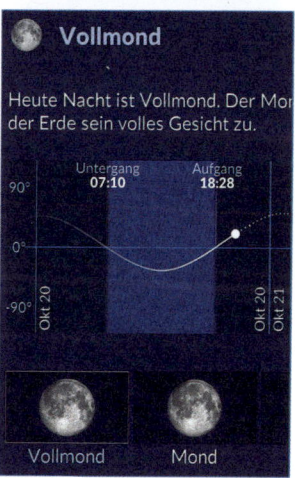

→ **SkySafari**

Das Planetarium zeigt die Position der Sterne durch Schwenken des Smartphones. Sie zoomen sich ins virtuelle All und entdecken neue Galaxien und Sterne. Empfehlenswert ist die kostenlose Android-Version. Die iPhone-Variante kostet 2,99 Euro. Per In-App-Kauf für 2,99 Euro (Android) oder 3,99 Euro (iOS) erhalten Sie eine Kosmos-Collection mit erweiterten Funktionen. (Android/iOS)

→ **Night Sky**

iPhone-Nutzer blicken mit dem AR-Planetarium Night Sky per 10-fachem Zoom virtuell ins Weltall und entdecken in der Premium-Version 1,7 Milliarden Sterne. Dazu bietet die App neben einer normalen Ansicht verschiedene andere wie Infrarot, Ultraviolett oder Mikrowellen. Kostenlos sind viele Funktionen nutzbar, für ein Abo zahlt man ab 5,49 Euro pro Monat. (iOS)

Städtetrip

Buchen Sie Stadtführungen und Rundfahrten, reservieren Sie einen Tisch im Restaurant. Behalten Sie über das Smartphone den Standort Ihrer Reisebegleiter im Blick, damit sie sich nicht verlieren und orientieren Sie sich mithilfe Ihrer Smartphone-Kamera. Drückt die Blase, dann können Sie mit der passenden App die nächste Toilette finden.

Kultur & Kulinarik genießen

Städtetrips sind meist eine Reise der Sinne. Mit den Apps in diesem Kapitel finden Sie gute Restaurants oder Leckeres für zwischendurch. Ein Wegweiser zur nächsten öffentlichen Toilette entspannt zudem das Erkunden fremder Städte und Sharing-Dienste für Fahrräder, E-Scooter oder Elektroroller schonen die Füße (siehe Kapitel „Mobil vor Ort"). Sind die Grundbedürfnisse erfüllt, zeigen geeignete Apps Sehenswürdigkeiten in der Umgebung oder ermöglichen es, Stadtführungen und Tickets für Museen oder Kirchen zu buchen.
Tipp: Geben Sie im Google Play Store oder Apple Store den Namen der Stadt ein, die Sie bereisen möchten. Oft finden Sie dort gute Reiseführer, etwa solche, die vom städtischen Touristenbüro herausgegeben werden.

Auch ohne Internetverbindung nützlich

Zur Orientierung in der Stadt eignet sich Google Maps hervorragend. Sie können wie bei vielen anderen Diensten vorab die Karte der Region auf Ihr Smartphone laden und das Navi auch ohne Internetverbindung nutzen. Viele weitere der vorgestellten Dienste lassen sich ebenfalls offline verwenden, indem Sie zuvor die Daten auf Ihr Smartphone laden. Meist können Sie diese Downloads direkt über die App wieder löschen. Unser Tipp: Erinnern Sie sich nach dem Urlaub mit einem Kalendereintrag selber daran.

 GetYourGuide: Stadtführungen und mehr buchen

Android

iOS

Eine Stadtrundfahrt ist der Klassiker, wenn Sie einen ersten Gesamteindruck einer Stadt gewinnen möchten. Doch es gibt noch viele weitere Unternehmungen, die es in einer fremden Metropole zu entdecken gilt. Entspannter und vor allem zeitsparender ist es, wenn Sie Ihre Aktionen vorab buchen. So können Sie an der Warteschlange vorbei beispielsweise in den Dogenpalast in Venedig oder in den immer noch unfertigen Dom Sagrada Família in Barcelona gelangen.

Die unterschiedlichsten Aktivitäten lassen sich mit GetYourGuide buchen. Das deutsche Unternehmen begann 2009 als Start-up. Mittlerweile ist es etabliert: Es wurden bisher über 45 Millionen Buchungen in 170 Ländern vorgenommen, vor allem in Westeuropa und den USA.

Aktivitäten finden und buchen

1. **Auf der Startseite** *Entdecken* geben Sie *im oberen Textfeld* ein, wohin die Reise gehen soll. Die App zeigt alle buchbaren Unternehmungen in mehreren Kategorien wie *Abenteuer*, *Kulinarisches* oder *Sightseeing*.
2. **Wählen Sie** *Datum und Uhrzeit* für die Aktivität. *Im folgenden Fenster* können Sie dann über *Weitere Filter* die Ergebnisse eingrenzen, etwa nach *Sprache* des Guides, *Dauer* oder ob eine Tour *rollstuhlgerecht* ist.
3. **Die interessantesten Treffer** können Sie über ein *Herz-Symbol* als Favorit speichern.
4. **Über** *Jetzt buchen* kaufen Sie ein Ticket. Sie können die *Anzahl Personen* und eventuelle Optionen für die Unternehmung auswählen. Zahlen lässt sich mit *Kreditkarte* oder *PayPal*.

Buchungen verwalten

Die Buchungen (Voucher) können Sie mit der App verwalten. Unter anderem lässt sich über *Buchungsdetails* der Termin in den *Kalender* eintragen oder die Buchung bis 24 Stunden vor dem Termin kostenlos *stornieren*. Meistens können Sie das Ticket beim Veranstalter digital vorzeigen. Zudem lässt sich jedes Ticket ausdrucken. Wir empfehlen, die *Beschreibung* zu der jeweiligen Aktivität genau durchzulesen. Buchen Sie beispielsweise das öffentliche Verkehrsmittel Vaporetto in Venedig, so erfahren Sie in der *Beschreibung* unter *Wichtige Informationen*, dass Sie das Ticket mit einem PNR-Code am Fahrkartenautomaten ziehen müssen.

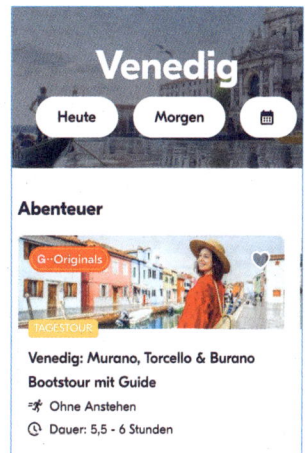

→ **Withlocals**

Sie möchten eine individuellere Stadttour, die auch Einblicke abseits der Touristenpfade zeigt? Dann können Sie mit Withlocals unter anderem eine individuelle Tour mit einem lokalen Reiseleiter buchen. (Android/iOS)

→ **Expedia**

Wir empfehlen Expedia für das Buchen von Flügen. Doch die App bietet viele weitere Angebote wie etwa Stadtführungen, Tagesausflüge oder Tickets für Museen und Kirchen. (Android/iOS)

→ **Tripadvisor**

Seine Stärken sind die vielen Restaurantbewertungen von Nutzern dieses Dienstes. In einem empfehlenswerten Forum tauschen sich Reisende aus. Über Tripadvisor können Sie zudem viele Aktivitäten buchen. (Android/iOS)

Virtlo: Orientieren mithilfe künstlicher Intelligenz

Android

iOS

Sie stehen mitten in New York, Paris oder Honkong und suchen die nächste U-Bahn? Ein Stadtplan auf dem Smartphone bietet zwar eine gute Orientierung. In einer fremden Stadt können Sie dennoch leicht den Überblick verlieren. Auf der Karte erkennt man mitunter nur schwer, in welche Richtung man blickt. Sie müssen also eine abstrakte Kartenansicht auf dem Smartphone mit der realen Umgebung in Einklang bringen. Hier hilft die Technik Augmented Reality (AR). Sie überlagert das mit Ihrer Smartphone-Kamera aufgenommene Live-Bild mit Informationen, die zu der Richtung passen, in die man das Smartphone gerade hält. Einige Apps wie Virtlo verwenden bereits diese Technik, die Pokémon GO mit der Jagd auf virtuelle Monster populär gemacht hat. Virtlo ist ein Branchenverzeichnis und Wegweiser mit weltweit über 100 Millionen Einträgen unter anderem zu Restaurants, Einzelhandelsläden, Hotels, Gaststätten sowie Krankenhäuser oder Busse und Straßenbahn. Eine Einschränkung der App: Es gibt keine Beschreibungen oder Bewertungen beispielsweise zu Restaurants.

Orientieren mit Kamerabild

Die App zeigt auf ihrem *Startbildschirm* in einer Übersicht *Top-Kategorien* der insgesamt rund 200 Kategorien an, nach denen Sie suchen können. So etwa für *Shoppen*, *Verkehr* oder *Essen und Trinken*. Sie können entweder *einen der Punkte auswählen* oder *im Suchfeld direkt eingeben*, wonach Sie suchen. Die App zeigt daraufhin an, wie viele Treffer es in Ihrer Gegend gibt.
Halten Sie das Smartphone aufrecht und tippen auf das *quadratische Symbol oben rechts*. Die Ansicht wechselt zum *Livebild* der Smartphone-Kamera. Die Treffer zeigt die App in der Richtung und

Entfernung an, in der Sie sich befinden. Je näher sich ein Ziel befindet, desto größer wird es angezeigt. *Schwenken Sie die Kamera*, um alle Treffer zu sehen. *Tippen Sie auf einen Treffer*, dann wechselt die App zur *Kartenansicht* mit der Möglichkeit, eine *Navigation zu Fuß* zu starten.

Manchmal kann es praktischer sein, die *Treffer als Liste* zu sehen. Sie *schwenken das Smartphone* dazu in die *waagerechte Position*. Die Anzeige wechselt in eine Listendarstellung, die alle Ergebnisse von der kürzesten bis zur weitesten Distanz anzeigt.

Offline nur für iPhone

Die iPhone-App bietet im Gegensatz zur Android-Version die Möglichkeit, Informationen zu einzelnen Städten oder Regionen herunterzuladen. So können Sie Virtlo auch ohne Internetverbindung nutzen. Android-Nutzer müssen auf diese Möglichkeit derzeit verzichten.

→ **Google Maps**

Die Karte von Google Maps bietet unten rechts das weiße Kreissymbol Live. Tippen Sie darauf, dann können Sie mithilfe des Smartphone-Kamerabildes die Umgebung erforschen. Wie das funktioniert, erklärt die App verständlich in wenigen animierten Schritten. (Android/iOS)

TheFork: Tisch im schicken Restaurant reservieren

Android

iOS

Möchten Sie abends gepflegt essen gehen, dann ist es besonders bei beliebten Restaurants empfehlenswert, vorab einen Tisch zu reservieren. Das können Sie zwar auch telefonisch oder direkt vor Ort erledigen. Doch mitunter erschwert im Ausland die Sprachbarriere dieses Vorhaben und führt mitunter zu Missverständnissen. Bequemer und einfacher ist es, per App einen Tisch zu bestellen.

Mit rund 80 000 Partnerrestaurants in 22 Ländern ist TheFork nach eigener Aussage die führende Plattform für Online-Reservierungen, die zudem 2021 den Konkurrenten Booktable übernommen hat. Sie können die Bewertungen anderer Nutzer ansehen und selber ein Restaurant bewerten, das Sie besucht haben. Als Tochter von Tripadvisor zeigt die App zudem weitere Bewertungen des Portals an, die nicht über TheFork einen Tisch reserviert haben.

Passendes Restaurant finden und Tisch reservieren

Nachdem Sie sich mit einem *kostenlosen Konto* angemeldet haben, lässt sich ein Tisch bequem und schnell reservieren. Auf der Startseite der App erhalten Sie bereits einige Vorschläge zu Restaurants in Ihrer Nähe. Einige Restaurants bieten Rabattaktionen und sogenannte Yums an, ein Treueprogramm von TheFork. Über das *Suchfeld* können Sie entweder den *Restaurantnamen* oder die *Art der Küche* eintragen, beispielsweise Italienisch oder Mediterran. Geben Sie noch den *Ort* an, wenn er sich von Ihrem aktuellen Standort unterscheidet. Im letzten Schritt wählen Sie das *Datum*, die *Uhrzeit* und *Personenzahl* für die Tischreservierung. Die App zeigt dann passende Treffer als Liste oder in einer Kartenansicht. Mit *Filtern* lassen sich die Suchergebnisse eingrenzen, etwa nach *Art der Küche*, *Preisen* und *Bewertungen* oder einer *Guide-Michelin-Auswahl*.

Zur *Reservierung* wählen Sie das *gewünschte Restaurant* und tippen auf der unteren Seite auf die *passende Uhrzeit*. In einem *Textfeld* lassen sich *Sonderwünsche angeben*, bevor Sie den Tisch reservieren. Per E-Mail erhalten Sie eine Terminbestätigung und können weitere Gäste informieren sowie den Termin in den Kalender eintragen lassen. In Ihrem persönlichen Bereich können Sie den Termin kostenlos *wieder stornieren*, indem Sie einfach auf *Abbrechen* tippen. Die *Route zum Restaurant* lässt sich über TheFork mit einer beliebigen Navigations-App aufrufen.

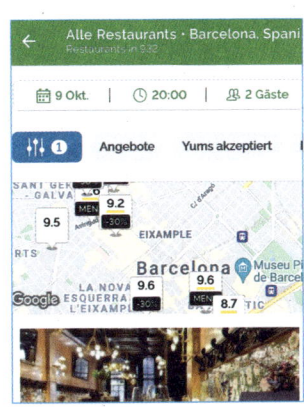

→ **OpenTable**

Möchten Sie unkompliziert einen Tisch reservieren, dann ist diese App eine gute Hilfe. Das Online-Reservierungsportal für Restaurants bietet eine gute Übersicht mit vielen Bewertungen von weltweit rund 60 000 Restaurants, die den Service von Open Table nutzen. (Android/iOS)

→ **Google Maps**

Per Google Maps und Google Assistant können Sie nach Restaurants in der Nähe suchen. In Zusammenarbeit mit weit über hundert Reservierungsdienstleistern lässt sich ein Tisch bestellen, sofern das Restaurant einen dieser Services unterstützt. TheFork wird von Google unterstützt, OpenTable nicht. (Android/iOS)

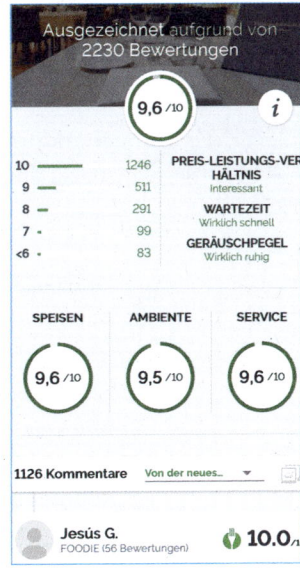

→ **Eatwith**

Nur am Tisch sitzen und essen ist Ihnen zu langweilig? Dann können Sie über Eathwith Kochevents, Schlemmertouren oder Essen bei Einheimischen (Locals) buchen. (Android/iOS)

Glympse: Wissen, wo sich Mitreisende gerade befinden

Android

iOS

Sind Sie mit Freunden oder Familie unterwegs, dann kommt es mitunter vor, dass man sich je nach Interesse in Gruppen aufteilt und sich später an einem bestimmten Ort wieder verabredet. Entspannter ist es allerdings, wenn jeder von dem anderen weiß, wo er sich im Moment befindet. Das Smartphone kann Ihnen dabei helfen, indem es den Standort jedes einzelnen in Echtzeit der Gruppe anzeigen kann. Eine dauerhafte Überwachung brauchen Sie nicht zu befürchten: Die App Glympse ermöglicht es, den Standort nur für eine begrenzte Zeit für andere freizugeben.

Der Clou: Sie brauchen bei Glympse kein Benutzerkonto, um Ihren Standort mit anderen zu teilen beziehungsweise den Standort anderer ansehen zu können.

Standort mit Mitreisenden teilen

❶ **Tippen Sie** auf die *drei Striche oben links*, um in Ihren *persönlichen Bereich* zu gelangen.

❷ **Wählen Sie** *Standort teilen* und die Art, wie Sie Ihren Standort einer anderen Person mitteilen möchten. Möglich sind beispielsweise *E-Mail*, *SMS* oder *WhatsApp*.

❸ **Als letzten Schritt** vor dem Versenden geben Sie an, *wie lange der Live-Standort mitgeteilt werden soll*. Sie können zwischen fünf Minuten und zwölf Stunden wählen. Glympse erstellt einen Link zu einer Karte mit Ihrem aktuellen Standort, der über das *Senden-Symbol oben rechts* verschickt wird.

❹ **Der Empfänger wählt** den Link an und kann entscheiden, ob er ihn mit der App oder in einem Webbrowser öffnen möchte.

Private Gruppe erstellen

Mit Glympse können Sie eine private Gruppe mit allen Mitreisenden erstellen. So lässt sich auf einer Karte der Standort jeden Mitglieds der Gruppe anzeigen, der seinen Standort freigegeben hat. Möchten Sie diese Möglichkeit nutzen, müssen *alle Mitglieder mit einem Benutzerkonto angemeldet sein*. Weitere Personen lassen sich dann über die Smartphone-Telefonnummer einer eigenen Gruppe zufügen. Tippen Sie dazu in *Ihrem persönlichen Bereich* auf *Private Gruppe hinzufügen* und fügen mindestens einen weiteren Benutzer hinzu.

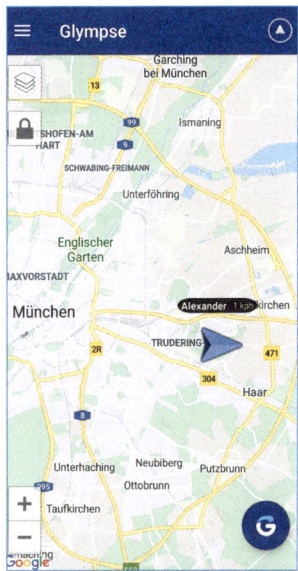

→ **WhatsApp**

Nutzen alle Mitreisenden diesen weitverbreiteten Messenger, dann können Sie leicht die Standorte untereinander im Blick behalten. Laden Sie dazu am besten alle Mitreisenden über „Chats > Neue Gruppe" in eine eigene Gruppe ein. Tippen Sie in der Android-Version von WhatsApp auf das „Büroklammer-Symbol", rechts vom Textfeld für eine neue Nachricht. (Am iPhone wählen Sie das „Plus-Symbol" auf der linken Seite.) Tippen Sie dann auf „Standort" und wählen „Live-Standort". Sie können einen Live-Standort 15 Minuten, eine oder acht Stunden freigeben und ihn jederzeit beenden. Im Chat tippen andere Mitreisende auf die „Karten-Vorschau", um die Live-Karte mit Ihrem aktuellen Standort aufzurufen. (Android/iOS)

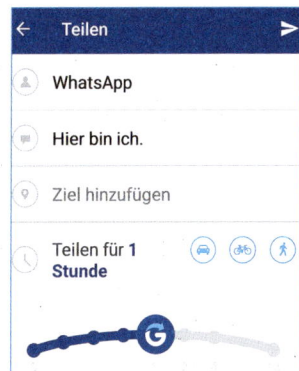

Toilet Finder: Der schnellste Weg zur großen Erleichterung

Android

iOS

Sie flanieren durch eine schöne Altstadt, doch die Blase drückt... Öffentliche Toiletten unterscheiden sich stark voneinander. Manche verursachen schon beim bloßen Ansehen Herpes-Ausschläge, andere sind sauber, gepflegt und sogar barrierefrei. Diese Gratis-Toiletten werden von der jeweiligen Gemeinde oder Museen betrieben, man findet sie auch häufig in Einkaufszentren.

Die kostenlose und werbefreie App Toilet Finder meldet Nutzern die Standorte verschiedener Toiletten vom mobilen Klo bis zur hochwertig ausgestatteten Toilette. Nach und nach ist einer der umfangreichsten Helfer für über 150 000 Toiletten entstanden. Nutzer können die Toiletten mit Sternen bewerten und angeben, ob sie gratis und barrierefrei sind. Toilet Finder kategorisiert Toiletten außer Öffentlich in die Bereiche Restaurant, Geschäft, Tankstelle und Bar. Sie können die Angaben bestätigen oder mitteilen, dass es die Toilette gar nicht gibt. Manchmal kann es aber passieren, dass eine eingetragene Toilette entweder nicht existiert oder mit einem falschen Standort angegeben wurde. Daher sollten Sie immer eine Alternative mit einplanen. Toilet Finder lässt sich nur mit bestehender Internetverbindung verwenden.

Toilette finden und Route starten

Die nächstgelegene Toilette finden Sie sehr einfach. Auf der *Startseite* der App erscheint unter *Karte* eine Landkarte, auf der Toiletten in Ihrer Nähe markiert sind. Tippen Sie auf das obere Feld *Auf der Liste ansehen*, dann können Sie die Toiletten *beginnend von der kürzesten Entfernung als Liste* betrachten. Wenn Sie *auf eine Toilette tippen*, dann wechselt die App zur *Kartenansicht* und zeigt den *Standort der Toilette*. Über den *blauen Kreis mit dem Symbol eines gehenden Männchens* starten Sie eine *Navigation* von Ihrem Standort zur Toilette.

Toilette eintragen, bewerten & Fehler melden

Je besser die Daten, desto zuverlässiger finden Sie mit der App eine Toilette. Jeder Benutzer kann dazu beitragen, indem er eine *neue Toilette* einträgt, *Fehler* meldet oder die *Toilette bewertet*. Tippen Sie auf der *Startseite der App* auf *Hinzufügen*, um eine *neue Toilette* einzutragen. Dazu müssen Sie sich allerdings in unmittelbarer Nähe zur Toilette befinden. Rufen Sie die *Detailinformationen einer Toilette* auf, dann können Sie angeben, ob diese *gratis und/oder barrierefrei* ist und sie *mit Sternen bewerten*. Existiert an dem angegebenen Ort keine Toilette, dann lässt sich das ebenfalls angeben. Leider kann man keine Kommentare anfügen.

→ **Flush**

Die App zeigt auf einer Karte Toiletten an und blendet ein kleines Werbebanner ein. Nach unseren Stichproben in München und Venedig findet die App weniger Toiletten im Vergleich zu Toilet Finder. (Android/iOS)

→ **Where is Public Toilet**

Nach der Installation erscheint die App unter dem Namen „Wo ist die nächste öffentliche Toilette". Die App lässt sich grundlegend leicht bedienen. Den Weg zu einer Toilette können Sie sich von einer Navi-App wie Google Maps zeigen lassen. Im Detail ist die App sperrig, bietet aber die Möglichkeit, Datenbanken zu den Toiletten herunterzuladen. (Android)

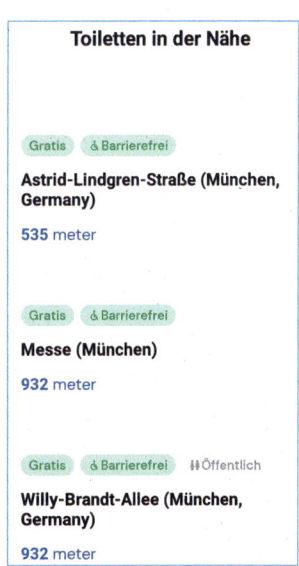

Urlaubserinnerungen als Foto festhalten

Auf Fotocommunitys und Social-Media-Plattformen finden Sie die schönsten Fotospots. Mit Fotodienstleistern können Sie ein Fotobuch fast von alleine erstellen lassen oder Urlaubsgrüße per Postkarten mit Ihren Fotos verschicken. Selbst der Videoschnitt gelingt mit passenden Apps erstaunlich leicht. Damit die Urlaubserinnerungen sicher sind, bieten zudem Cloud-Dienste bequeme Backup-Lösungen.

7 Tipps für beeindruckende Fotos und Videos

Mit diesen sieben Tipps gelingen Ihnen beeindruckende Fotos und Videos.

1. **Vermeiden Sie es**, das Motiv heranzuzoomen, weil sich die Bildqualität verschlechtert. Gehen Sie stattdessen so nahe wie möglich an das Motiv heran.
2. **Blenden Sie** in der Kamera-App ein Raster ein. Es teilt das Vorschaubild in zwei horizontale und zwei vertikale Linien. Positionieren Sie das Hauptmotiv für eine ausgewogene Bildkomposition auf einem der Schnittpunkte der Linien.
3. **Achten Sie** auf einen graden Horizont. Das Raster hilft Ihnen.
4. **Sorgen Sie** für einen ruhigen Hintergrund. Der Vordergrund sollte möglichst keine Elemente aufweisen, die vom Hauptmotiv ablenken.
5. **Gehen Sie** dann auf Augenhöhe mit dem Motiv.
6. **Möchten Sie Videoaufnahmen** erstellen, um sie zu Hause auf dem Fernseher zu betrachten? Dann halten Sie das Smartphone quer statt hochkant.
7. **Halten Sie das Smartphone** bei einer Videoaufnahme ruhig. Machen Sie langsame Kameraschwenks und vermeiden Sie Zoomfahrten während der Aufnahme.

 Pinterest: Fotogene Orte entdecken

Android

iOS

Planen Sie Ihren Urlaub an einem beeindruckenden Ort? Schöne Fotospots können dann inspirieren und die Vorfreude auf die Reise befeuern. Ambitionierte Landschaftsfotografen planen ihre Fototouren meistens mit mehreren Apps vorab. Ein beliebtes Hilfsmittel für die ersten Ideen ist die App von Pinterest. Diese Social-Media-Plattform ist ein bevorzugtes Sammelbecken für Blogger und Influencer, die hier oft lesenswerte Artikel als sogenannte Pins veröffentlichen. Für Fotografen ist Pinterest ein Eldorado für neue Ideen und Orte, die man erkunden könnte.

Eine Sammlung (Pinnwand) erstellen

Um Pinterest nutzen zu können, müssen Sie zunächst ein *kostenloses Konto* eröffnen. Über das *Plus-Symbol* erstellen Sie mit *Idea Pin* oder *Pin* entweder eigene Beiträge, oder Sie legen mit *Pinnwand* eine eigene Sammlung von Pins anderer an. Letzteres eignet sich hervorragend für die Sammlung von Fotoideen und interessanten Fotospots. Wählen Sie über das *Plus-Symbol* die Rubrik *Pinnwand* und *geben der Sammlung einen Namen*. Achten Sie darauf, dass Sie *Diese Pinnwand geheim halten* aktivieren, wenn andere Benutzer sie nicht sehen sollen. Diese Einstellung lässt sich auch später noch vornehmen.

Der *Name für die Pinnwand* sollte dem Suchbegriff für passende Pins entsprechen, beispielsweise *Prag Fotoidee*. Tippen Sie auf *Weiter*, dann zeigt Pinterest *eine Liste mit möglichen passenden Pins*, die Sie *der Pinnwand zufügen* können. Möchten Sie später dort weitere Ideen platzieren, dann wählen Sie in der unteren Leiste das *Lupensymbol* und geben *einen weiteren Suchbegriff* ein. Pinterest schlägt die häufigsten Wortkombinationen vor, die bei einer Suche eingegeben werden. Für den Begriff „Prag Foto" sind das beispielsweise „Prag Fotospots" und „Prag Fotoideen". Wählen Sie den *ersten vorgeschlagenen Begriff* für bessere Ergebnisse. Möchten Sie Ihrer *Sammlung ein Pin zufügen*, dann tippen Sie auf *Merken* und wählen die passende Pinnwand.

→ **meisight**

Die noch recht junge kostenlose Plattform für Fotofreunde ist eine gute Quelle, über die Sie interessante Fotospots finden. Zunächst müssen Sie sich anmelden. Danach können Sie auf einem Kartenausschnitt Fotos mit genauen Ortsangaben entdecken. Die App ähnelt dem unter Fotografen bekannteren Locationscout, das ab 9,99 Euro/Monat kostet. (Android/iOS)

→ **500px**

In der Fotocommunity laden Mitglieder ihre Fotos hoch, die von anderen Mitgliedern bewertet und kommentiert werden können. Oft sind die Orte gut beschrieben, an denen die Aufnahmen entstanden sind – mitunter mit genauen GPS-Daten. Die kostenlose Version reicht bereits dazu aus, um nach Fotoorten zu suchen. (Android/iOS)

→ **Mapify**

Eigentlich ist Mapify ein Reiseplaner. Doch im Bereich „Inspiration" finden Sie auf einer Karte viele Urlaubsfotos anderer Nutzer mit exakten Ortsangaben. Um Mapify nutzen zu können, muss man zuvor ein kostenloses Konto anlegen. (Android/iOS)

MyPostcard: Urlaubsgrüße als individuelle Postkarte

Android

iOS

Ein schöner Urlaubsbrauch ist es, den Daheimgebliebenen eine Postkarte zu schicken. Mit digitalen Fotodiensten wie MyPostcard gibt es eine interessante Alternative zu den Postkarten aus Souvenirläden, bei der Sie eigene Urlaubsfotos als gedruckte Postkarte versenden. Darüber hinaus können Sie mit der App Grußkarten und Fotoabzüge bestellen.

Postkarte gestalten

Nachdem Sie sich mit einem kostenlosen Konto angemeldet haben, können Sie mit dem Gestalten der Postkarte beginnen. Wählen Sie *auf der Startseite* der App dazu *Postkarten* und tippen auf *Jetzt gestalten*. Sie können *aus mehreren Layouts wählen* oder unter *Motive & Vorlagen* ein fertiges Design aussuchen, bei dem Sie im weiteren Schritt Ihre *Fotos einfügen* können. Folgende Schritte beschreiben exemplarisch, wie Sie eine Postkarte gestalten:

❶ **Wählen Sie** das Layout *CLASSIC* und *fügen ein Foto zu*. In der unteren Leiste zeigt ein Fortschrittsbalken den Stand der Bearbeitung: vom Gestalten, Text und Adresse hinzufügen, einer Voransicht der Karte bis hin zum Bestellen. Möchten Sie das *Bild durch ein anderes ersetzen*, dann tippen Sie einfach *auf das Bild* und wählen ein anderes aus. Unter *Layouts* lassen sich bei Bedarf Vorlagen für weitere Bilder laden.

❷ **Unter** *Bearbeiten* können Sie einige interessante Werkzeuge nutzen. Zunächst erhalten Sie das *Transformieren-Werkzeug*, mit dem Sie einen *Bildausschnitt bestimmen* und zwischen *Hoch- und Querformat* wechseln. Bestätigen Sie die Einstellung mit dem *Haken-Symbol unten rechts*. Ihnen stehen nun einige Gestaltungswerkzeuge zur Verfügung. Sie können unter ande-

  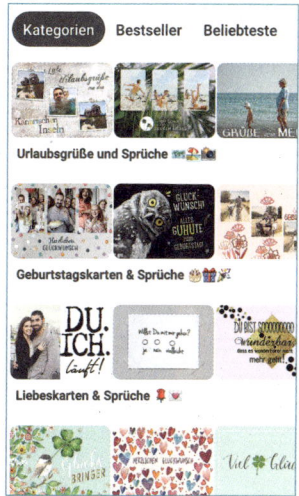

rem der Postkarte einen Text zufügen und ihn in der Vorschau beliebig vergrößern und drehen. Außerdem lässt sich ein frei gestaltbarer Text zufügen. *Bestätigen Sie die Bearbeitung*, um das *Bearbeiten-Fenster* wieder zu verlassen.

❸ **Wenn Sie möchten**, können Sie ein kurzes *Video erstellen* und den Link zu dem Video als *QR-Code einfügen*. Das Bild mit dem QR-Code lässt sich frei positionieren.

❹ **Fügen Sie den Text** mit den Urlaubsgrüßen und die *Adresse des Empfängers* zu. Nach einer *Vorschau von Vor- und Rückseite* können Sie die *Postkarte bestellen* – im gewünschten Format.

→ **Cewe Postcard**

Postkarten mit eigenem Foto lassen sich in den Formaten Klassik (15 x 10 cm) oder XL (21 x 10 cm) verschicken. Die Gestaltung ist im Vergleich umständlich. So lässt sich die Postkarte nur bearbeiten, wenn man das Smartphone im Querformat hält. (Android/iOS)

Journi Blog: Fotoreisetagebuch als gedrucktes Buch bestellen

Android

iOS

Planen Sie eine Rundreise oder einen Aktivurlaub, in dem es jeden Tag etwas Neues zu entdecken und fotografieren gibt? Dann bietet ein Fototagebuch erstaunliche Möglichkeiten, die Eindrücke festzuhalten. Der Fotodienstleister Journi bietet dazu eine elegante Lösung – kostenlos. Auf Wunsch können Sie sogar ein fertig gestaltetes Fotobuch bestellen. Im Abo ab 9,99 Euro pro Monat lässt sich Journi unter anderem ohne eine Internetverbindung nutzen.

Eigenes Reisetagebuch erstellen

Mit der App können Sie sogenannte Journis erstellen. Eine Journi ist eine Sammlung von Fotos und Texten Ihrer Reise. Die Sammlung lässt sich auf Wunsch veröffentlichen. Über das *Lupen-Symbol* können Sie die *freigegebenen Journis* anderer Mitglieder *durchstöbern* und als Favoriten speichern.

① **Nachdem Sie ein Konto** erstellt haben, tippen Sie auf der *Startseite* in der unteren Leiste links auf das *Bild-Icon* mit der Bezeichnung *Journis*.

② **Tippen Sie auf das Feld** *Neue Journi* und *wählen die Art der Sammlung*. Für Ihre Urlaubsbilder bietet sich *Reise* an, für eine Rundreise *Tagebuch*.

③ **Wählen Sie** die *Journi Reise* und geben Sie an, wohin die Reise geht. Geben Sie den Namen in der jeweiligen Landessprache ein, etwa „Venezia" statt „Venedig", wenn andere Mitglieder den Ort finden sollen. Alternativ können Sie einen eigenen Namen verwenden.

④ **Im Übersichtsfenster** Ihrer Journi tippen Sie auf das *Zahnradsymbol* rechts vom Titel. Hier können Sie *das Titelbild und den Titel ändern*. Achten Sie auf die *Privatsphären-Einstellungen*: Bestimmen Sie, ob das Journi für alle anderen Mitglieder veröffentlicht werden soll.

⑤ **Zurück im Übersichtsfenster** können Sie Fotos, Texte, Flug-, Wetter- und Sticker-Momente einfügen. *Texte* lassen sich entweder *per Tastatur* oder mit einem *Sprachassistenten* eingeben.

Journi als Fotobuch bestellen

Das Elegante an der App: Sie können mit wenigen Schritten aus Ihrer Sammlung ein Fotobuch gestalten und bestellen. Dazu öffnen Sie das Journi und tippen oben rechts auf *Drucke*. Fünf Buchformate stehen zur Wahl. Ein Buch im kleinen Querformat kostet ab 22,99 Euro. Journi erstellt automatisch ein optisch ansprechendes Fotobuch. Das Layout lässt sich in begrenztem Umfang anpassen. Nach dem Gestalten wählen Sie die *Ausstattung des Buches*: *Hard- oder Softcover, mattes oder glänzendes Papier* und auf Wunsch eine *Geschenkverpackung*. Zahlen können Sie mit Kreditkarte, Paypal oder Klarna-Sofortüberweisung und GiroPay.

→ **Polarsteps**

Die App ähnelt dem Journi-Prinzip. Sie können ein Reisetagebuch (mit Fotos, Texten) erstellen, diese auf Wunsch für andere Mitglieder veröffentlichen und als Fotobuch bestellen. Im Gegensatz zu Journi kann Polarsteps die Route automatisch aufzeichnen und sie auf einer Karte zeigen. Damit das funktioniert, muss die Ortsfreigabe dauerhaft aktiviert sein. Gut gefallen die englischsprachigen Reiseführer (Guides). (Android/iOS)

Google Fotos: Alle Fotos Online sichern

Android

iOS

Stellen Sie sich vor, Sie verlieren Ihr Smartphone mit allen Urlaubsfotos, die Sie geknipst haben. Beruhigend ist es dann, wenn zumindest die Bilder und Videos automatisch auf einem Online-Speicher gesichert werden. Diese Aufgabe erledigt Google Fotos. Der Dienst ist ein Teil von Google One, das zudem Online-Speicher für Gmail und Google Drive bietet. Google Fotos ermöglicht es, Fotos und Videos automatisch auf den Cloud-Speicher zu laden. Außerdem können Sie Fotos komfortabel verwalten, in Ordnern sortieren und über einen eigenen Dienst Fotobücher bestellen. Die Fotos lassen sich auch von anderen Geräten betrachten und verwalten, die mit dem Google-Konto verbunden sind.

Automatisch Fotos laden

❶ **Nachdem Sie sich** mit Ihrem *Google-Konto* angemeldet haben, tippen Sie auf *Ihr Profil*, das sich oben rechts befindet.

❷ **Wählen Sie** *Fotos-Einstellungen* und tippen auf den ersten Eintrag *Back-up & Sync*.

❸ **Aktivieren Sie** *Back-up & Sync*.

❹ **Wählen Sie** *Uploadgröße*. Sie haben die Wahl, ob Sie Fotos und Videos *in Originalgröße* oder *in reduzierter Größe* laden. Bei der reduzierten Größe beträgt die Fotoauflösung 16 Megapixel, das reicht selbst für großformatige Ausdrucke. Videos werden auf das HD-Format (1 280 × 720 Pixel) reduziert. 15 Gigabyte Speicher erhalten Sie kostenlos. Für 1,99 Euro pro Monat lässt er sich auf 100 Gigabyte erweitern.

❺ **Unter** *Mobile Datennutzung* können Sie mit *Keine Daten* unterbinden, dass Fotos und Videos nur über eine WLAN-Verbindung gesichert werden. Alternativ lässt sich ein Tageslimit angeben und mit *Beim Roaming sichern* wählen, ob Daten auch im Ausland übertragen werden sollen.

Bilder finden dank künstlicher Intelligenz

Google Fotos nutzt künstliche Intelligenz, um Bildinhalte zu erkennen. Auf diese Weise können Sie im Bereich *Suchen* beispielsweise mit dem *Stichwort Berge* Fotos von Bergen finden. Zudem sind auf einer Karte die Orte mit einer sogenannten *Heatmap* markiert, an denen Sie Fotos erstellt haben. Voraussetzung dafür ist, dass für die Aufnahmen das *Geotagging* aktiviert geblieben ist.

→ **Apple iCloud**

Für das iPhone bietet Apple iCloud nahezu die gleichen Funktionen wie Google Fotos. Sie können Fotos in die iCloud laden und auf Apple-Geräten dank künstlicher Intelligenz ebenfalls Fotos nach Stichwörtern finden. Fünf Gigabyte sind kostenlos, der Speicher lässt sich für 0,99 Euro beziehungsweise 2,99 Euro auf 50 oder 200 Gigabyte sowie für 9,99 Euro auf ein Terabyte erweitern. (iOS)

→ **Amazon Photos**

Sofern Sie Amazon-Prime-Mitglied sind (7,99 Euro pro Monat), können Sie unbegrenzt Fotos auf den Cloud-Speicher von Amazon laden. Für Videos sind maximal fünf Gigabyte Speicherplatz frei. Möchten Sie mehr Speicher, dann zahlen Sie pro Monat 1,99 Euro (100 GB) oder 9,99 Euro (1 TB). Für eine Bildsuche erkennt Amazon Photos automatisch Bildinhalte und anhand der Geodaten die Orte, an denen die Aufnahmen entstanden sind. (Android/iOS)

CapCut: Schnell schicke Urlaubsvideos erstellen

Android

iOS

Mit dem Smartphone können Sie Videos aufnehmen, sie zu einem ansprechenden Film zusammenfügen und teilen. Vielleicht schrecken Sie vor dem Aufwand eines Videoschnitts zurück. Viele Apps für den Videoschnitt sind tatsächlich überladen und nicht sonderlich komfortabel. Doch es gibt wenige Ausnahmen wie etwa die kostenlose und werbefreie App CapCut von Bytedance. Das chinesische Unternehmen hat die Social-Media-Plattform TikTok gegründet. Die App CapCut soll als Werkzeug dienen, dass Mitglieder möglichst viele kurze Videos erstellen und auf TikTok laden. Über die Funktion *ShortCut* geht das besonders schnell und mit vielen Effekten, der fertige Film lässt sich aber nur mit einem Wasserzeichen auf dem Smartphone speichern.

Unkompliziert einen Urlaubsfilm erstellen

CapCut eignet sich dennoch hervorragend dafür, schnell und einfach eigene Urlaubsfilme zu erstellen. Das geht auch ohne Wasserzeichen. Dazu tippen Sie auf *Neues Projekt*, *wählen der Reihenfolge nach Ihre Videoclips aus* und tippen auf *Hinzufügen*. Die App führt beim ersten Benutzen mit einer *Live-Hilfe* anschaulich durch die Bearbeitungsmöglichkeiten.
Der *Videoeditor* zeigt oben das *Vorschaubild* und darunter den *Videostreifen*. In der *untersten Leiste* sind die *Bearbeitungswerkzeuge*. Wenn Sie *nach links wischen*, sind *alle Werkzeuge* zu sehen. Die Bearbeitungsmöglichkeiten sind sehr umfangreich und dennoch leicht anzuwenden. Die wichtigsten Funktionen für den Videoschnitt: Anfang und Ende eines Videoclips lassen sich beschneiden. Zudem können Sie den Clip teilen, schneller oder langsamer sowie rückwärts abspielen. Die *Lautstärke* eines Clips lässt sich ändern

oder stumm schalten. Die App bietet Dutzende von Farblooks, Übergängen und Videoeffekte. Sie können zudem *eigene Texte einblenden*, die sich auch animieren lassen. Außer *Musik* der eigenen Bibliothek können Sie aus einer *Bibliothek* mit Hunderten Musikstücken wählen. Gefällt Ihnen ein Musikstück, lädt die App es aus dem Internet. Praktisch: Sie können einen *Kommentar einsprechen*, während das Video läuft. Die App fügt am Ende einen Clip mit dem CapCut-Logo ein. Diesen Clip können Sie vor dem Exportieren löschen. Ein Wasserzeichen, wie es ein mit „ShortCut" erzeugtes Video aufweist, gibt es nicht.

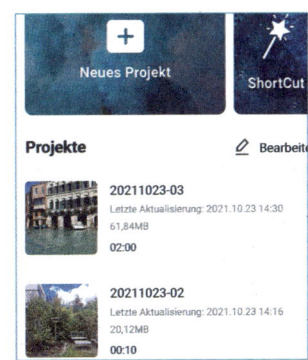

→ **Adobe Premiere Rush**

Trotz vieler Funktionen lässt sich der übersichtliche Videoeditor leicht bedienen. Im Gegensatz zu CapCut können Sie das Seitenverhältnis ändern und Hoch- oder Querformat wählen. Im Abo für 4,89 Euro pro Monat oder 33,99 Euro pro Jahr können Sie die Videoprojekte Online speichern und auch auf anderen Mobilgeräten bearbeiten. Außerdem lassen sich im Abo viele hochwertige Soundtracks und Audioeffekte nutzen und Videos auch in 4K-Auflösung speichern. (Android/iOS)

→ **iMovie**

iMovie bietet iPhone-Nutzern eine einfache Möglichkeit, schnell außergewöhnliche Urlaubsvideos zu schneiden. Sie können einen Trailer mit beeindruckenden Effekten und vorgegebenen Ablauf erstellen. Das Ergebnis wirkt wie ein Trailer eines Kino-Blockbusters. Über „Film" lässt sich auf einfache Weise ein eigener Film erstellen, für den Sie unter anderem Titeleffekte und hochwertige Soundtracks verwenden können. (iOS)

Sprachhürden überwinden

Die hier vorgestellten Apps helfen Ihnen, Sprachbarrieren abzubauen: Sie können mit einigen kostenlosen Apps sogar ein Gespräch simultan übersetzen lassen. Außerdem ermöglichen es einige Apps, Schriften auf Fotos oder Live-Bildern einzudeutschen. Viele Apps sorgen zudem dafür, dass Sie mit Spaß Grundkenntnisse einer anderen Sprache erwerben oder erweitern.

Mit Fremdsprachen Türen und Herzen öffnen

Sie brauchen neben etwas Talent für das Gestikulieren nur ein paar Wörter, damit Sie sich im Ausland mit Menschen in deren Landessprache verständigen können. Es öffnet zudem die Herzen, wenn das Gegenüber merkt, dass man sich für seine Sprache und Kultur interessiert. Scheuen Sie sich nicht vor vermeintlich peinlichen Situationen.

Nutzen Sie unterschiedliche Apps

Fremdsprachen lassen sich auf vielen Wegen lernen oder wieder auffrischen: Sei es in einem Kurs der Volkshochschule oder durch eine Sprachreise. Auch Apps leisten dazu gute Dienste. So können Sie mit dem kostenlosen Duolingo eine Sprache spielerisch lernen. Einzelne Wörter oder Phrasen lassen sich mit kostenlosen Apps wie dem Google Übersetzer gut übersetzen. Klassische Vokabeltrainer- und Wörterbuch-Apps helfen, sich den gewünschten Wortschatz anzueignen und zu festigen. Auch ohne ein Wort zu verstehen, können Sie sich dennoch verständigen: Einige Apps sind darauf spezialisiert, Dialoge in fremden Sprachen zu führen. Offline funktioniert das mit iTranslate, mit Internet-Verbindung wählen Sie kostenlose Apps wie SayHi.

Google Übersetzer: Sprachen unkompliziert übersetzen

Android

iOS

Nutzen Sie Ihr Smartphone zum Übersetzen, statt es mit Händen und Füßen zu probieren. In unserem Vergleichstest von Übersetzungs-Apps in test 5/2020 schnitt Google Übersetzer als bester kostenloser Anbieter ab. Das Fazit des Tests ist indes: Die meisten der getesteten Apps tragen nicht zur Völkerverständigung bei, was die Übersetzungsqualität ins Deutsche betrifft. Das beste Urteil erhielt Google Übersetzer von den kostenlosen Apps: mit einem „befriedigend" (3,2). Immerhin punktet die App neben der besten Bedienung mit den umfangreichsten Eingabemöglichkeiten.

Übersetzung auch per Spracheingabe und Kamerabild

Texte zum Übersetzen lassen sich entweder *per Tastatur* oder *über ein Feld handschriftlich* eingeben. Über das *Mikro-Symbol* rechts vom Textfeld können Sie einen *Text einsprechen*. Die Übersetzung zeigt die App in Echtzeit an. Auch einen Dialog nahezu in Echtzeit ist möglich, sofern eine Internetverbindung besteht: Wählen Sie *Unterhaltung* und tippen Sie auf das *Mikrofon-Symbol der jeweiligen Sprache*, um die Unterhaltung zu führen. Je deutlicher die Aussprache und geringer die Umgebungsgeräusche, desto besser die Übersetzung. Sie möchten vielleicht eine spanische Speisekarte verstehen? Dann wählen Sie das *Kamerasymbol* und halten die Kamera auf einen *zu übersetzenden Text* Google Übersetzer überlagert in Echtzeit den übersetzten Text auf dem Originaltext.

Google Übersetzer offline nutzen

Knapp 60 Sprachen lassen sich auf das Smartphone laden. So können Sie auch offline Übersetzungen vornehmen. (Eine Einschränkung gibt es: Eine *Spracheingabe ist nur online* möglich.) So gehen Sie vor, um *Sprachen herunterzuladen*:

❶ **Tippen Sie auf die drei Striche** oben links (iOS: *Zahnradsymbol* unten rechts) und wählen *Offline-Übersetzungen*.

❷ **Sie erhalten eine Liste** der bereits heruntergeladenen Sprachen, gefolgt von einer Liste aller verfügbaren Sprachen. Tippen Sie *bei der gewünschten Sprache* rechts auf das *Pfeil-Symbol*.

→ **Microsoft Übersetzer**

Über 60 Sprachen übersetzt diese kostenlose App. Neben Tastatur- und Spracheingabe können Sie fremdsprachige Texte fotografieren und übersetzen lassen. Interessant ist die Dolmetscher-Version: Sie starten ein Gespräch und hat der Gesprächspartner ebenfalls die App installiert, kann er einen QR-Code einscannen, um einen Dialog mit Übersetzung zu beginnen. Die Sprachen können Sie herunterladen und bis auf die Spracheingabe alle Funktionen offline nutzen. (Android/iOS)

→ **Pons Übersetzer**

Der Testsieger der kostenpflichtigen Übersetzungs-Apps bietet mit befriedigend (2,6) die beste Übersetzungsqualität aller getesteten Produkte. Allerdings lässt sie sich im Vergleich zur sehr guten Bedienung des Google Übersetzers nur befriedigend handhaben. In seiner kostenlosen Version können Sie nicht alle Funktionen nutzen, zudem stören Werbeeinblendungen deutlich. Mit allen Funktionen und ohne Werbung zahlen Sie 2,99 Euro pro Fremdsprache und Monat. (Android/iOS)

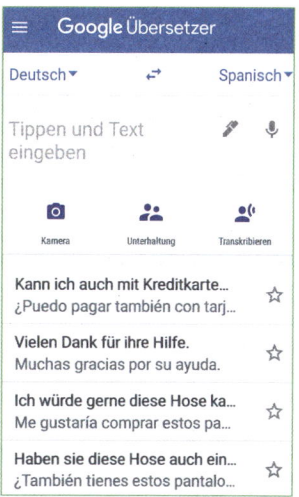

iTranslate: Gespräche in anderen Sprachen führen

Android

iOS

Dank Dolmetscher-Apps können Sie mit anderen Menschen ganz einfach über ein jeweils eigenes Mikrofonsymbol einen Dialog per Spracheingabe führen. Die App übersetzt das Gesprochene und gibt das Ergebnis für das Gegenüber als Text und Sprache aus. Die meisten Apps brauchen dazu eine Internetverbindung. Die App iTranslate ist eine Ausnahme. Sie kann auch ohne Internetverbindung einen gesprochenen Dialog übersetzen. Der Wermutstropfen: Im Vergleichstest der Übersetzungs-Apps (test 5/2020) landete iTranslate mit der Gesamtnote ausreichend (4,0) nur im Mittelfeld. Die Qualität der Übersetzung liegt mit Note 4,4 hinter Pons, Google- und Microsoft Übersetzer. Doch für einfache und kurze Dialoge reicht die Übersetzungsqualität meist gut aus.

Ein Gespräch führen

Damit Sie den Offline-Dolmetscher nutzen können, benötigen Sie ein Abo für 4,99 Euro pro Monat. Alle Funktionen lassen sich sieben Tage vorab testen. Tippen Sie oben rechts auf das *Zahnrad-Symbol*. Dann können Sie die *Sprachen* für die Übersetzung *auswählen* und die *Sprechgeschwindigkeit* für das Vorlesen der Übersetzung wählen. iPhone-Nutzer haben zudem die Möglichkeit, eine *weibliche oder männliche Stimme* zu wählen. Sofern verfügbar, lassen sich in der unteren Liste die Sprachpakete laden. Knapp 50 der insgesamt über hundert Sprachen können Sie offline verwenden. Einen *Dialog beginnen* Sie auf der *Startseite*, indem Sie auf das *Mikrofonsymbol* tippen. Tippen Sie zum Sprechen auf das jeweilige *Ländersymbol*. Die Übersetzung wird in Schrift und per Sprache wiedergegeben. Die Sprache können Sie erneut abspielen und *die Schrift bildschirmfüllend vergrößern* und dem Gegenüber zeigen.

Auch wenn Ihr Smartphone eine Internetverbindung hat, können Sie iTranslate offline verwenden. Dazu aktivieren Sie oben rechts den *Schieberegler* mit dem *Flugzeug-Symbol*. Ändert sich die Farbe der App *von Blau zu Grün*, arbeitet sie offline.

→ **SayHi**

Von Amazon stammt der beliebte Cloud-basierte Übersetzer. Für Dialoge bietet die App eine angenehm schnörkellose Oberfläche. Die Auswahl der Sprachen ist sehr umfangreich. Alleine elf spanische Dialekte bietet SayHi. Der Übersetzer lässt sich nur mit bestehender Internetverbindung nutzen. (Android/iOS)

→ **Sprechender Übersetzer**

Eine praktische Oberfläche bietet der Übersetzer vom koreanischen Entwickler ideal app team. Der Bildschirm ist zweigeteilt, damit jeder Gesprächspartner den übersetzten Text lesen und das Mikrofon bequem bedienen kann. Die App lässt sich mit einem eingeblendeten dezenten Werbebanner bequem kostenlos nutzen. Das Abo ab 3,99 Euro pro Monat ist für die gebotene Leistung recht teuer. (Android)

→ **Übersetzen**

Für das iPhone können Sie Apples Übersetzungs-App verwenden, sofern Sie eine Internetverbindung haben. Der Bereich „Konversation" bietet eine komfortable Übersetzungshilfe, die Sie in zwei Ansichten darstellen können: „Nebeneinander" oder „Gegenüber". In der Darstellung „Nebeneinander" erkennt die App die Sprache automatisch. (iOS)

Dict.cc: Klassisches Wörterbuch mit Vokabeltrainer

Android

iOS

Die praktischen Übersetzungs-Apps, die wir auf den vorhergehenden Seiten vorgestellt haben, können Ihnen zwar auch eine gute Hilfe beim Erwerben neuer Sprachkenntnisse sein. Doch die beste Strategie für das Erlernen einer neuen Sprache ist die Kombination aus mehreren Lernmethoden. Ein Baustein dazu sind klassische Wörterbücher.

Dict.cc ist so ein Wörterbuch, das auf den ersten Blick altbacken wirkt. Doch ein Wörterbuch hilft dann weiter, wenn Sie weitere Wortverbindungen zu einem Begriff entdecken möchten. Dict.cc ist ein Gemeinschaftsprojekt: Viele Mitglieder der gleichnamigen Webseite tragen dazu bei, dass das Wörterbuch anwächst. Vor der Veröffentlichung eines neuen Eintrags wird dieser von mehreren anderen Benutzern überprüft. Der Wortumfang variiert je nach Sprache: Deutsch/Englisch ist mit über 1,2 Millionen Einträgen am umfangreichsten, Deutsch/Italienisch kommt dagegen auf knapp 90 000 Einträge.

Auch kostenlos offline nutzbar

Selbst in der kostenlosen Version können Sie – inklusive Deutsch – 27 europäische Sprachen herunterladen und die App auch ohne eine Internetverbindung verwenden. Das Plus-Paket für 1,99 Euro pro Jahr entfernt das ohnehin dezente Werbebanner, das die App am unteren Bildschirmrand einblendet. Über einen Zeitraum von sieben Tage lassen sich zuvor die Funktionen im vollen Umfang testen. Zudem können Sie unter anderem einen Vokabeltrainer, ein Quiz-Game und eine eigene Vokabelliste nutzen.

Ungewöhnlich und überraschend: Ein Abo wird nicht automatisch verlängert, wie es bei anderen Apps üblich ist. Möchten Sie die App dann weiter nutzen, schließen Sie erneut eine Jahreslizenz ab.

Vokabeln trainieren und Quiz spielen

Im Plus-Paket enthalten ist ein kurzweiliges *Quiz Game*, das Sie jederzeit zwischendurch spielen können. Sie erhalten ein Wort und müssen die *richtige Übersetzung aus vier Vorschlägen wählen*. Den *Vokabeltrainer* füllen Sie zunächst mit Wörtern, die Sie gesucht haben, indem Sie *auf eine Übersetzung tippen* und *Einfügen in: Meine Vokabelliste* wählen. Alternativ können Sie nach Sprachen gefiltert aus vielen öffentlichen Vokabellisten wählen, die andere Benutzer zur Verfügung gestellt haben. Die Vokabelliste ist klassisch in fünf Fächern aufgeteilt. Neue Vokabeln und die nicht korrekt übersetzten Wörter sind im ersten Fach und wandern mit jeder richtigen Antwort ein Fach weiter.

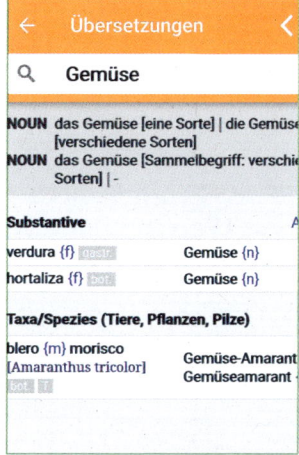

→ **Leo Wörterbuch**

Wie Dict.cc ist auch Leo Wörterbuch ein Klassiker unter den Fremdsprachen-Wörterbüchern, allerdings mit weniger unterstützten Sprachen. Deutsche Wörter können Sie in acht Sprachen übersetzen: Englisch, Italienisch, Französisch, Spanisch und Portugiesisch sowie Russisch, Polnisch und Chinesisch. Ein Vokabeltrainer lässt sich auch in der kostenlosen Version nutzen, das ein dezentes Werbebanner einblendet. Für 7,50 Euro pro Jahr wird die Werbung ausgeblendet. (Android/iOS)

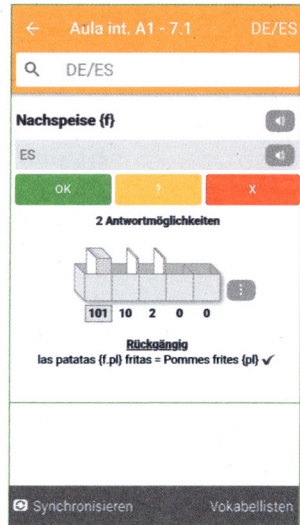

Duolingo:
Spielerisch Sprachen lernen

Android

iOS

Mit ein paar Minuten Training pro Tag lassen sich gut Grundkenntnisse für eine andere Sprache aneignen. Dank App können Sie in vielen Situationen eine andere Sprache büffeln, sei es in der U-Bahn oder zu Hause auf der Couch. Damit das Lernen nicht zu einer langweiligen und trocknen Pflichtübung wird, gibt es einige Sprachlern-Apps, die viel Abwechslung bieten.

Duolingo zählt zu den beliebtesten und meistgeladenen Vertretern dieser Apps. Ein Grund: Die Kapitel können Sie kostenlos verwenden, wenn auch mit teils nervigen Werbeeinblendungen. Im Abo für 6,46 Euro pro Monat oder 77,99 Euro pro Jahr blenden Sie mit der Plus-Version die Werbung aus und erweitern den Funktionsumfang der Lern-App. Zudem lässt sich ein Familien-Abo wählen. Unter anderem können Sie mit der Plus-Version ein gezieltes Fehlertraining durchführen und die Lektionen schneller durchlaufen. Für Deutsch als Ausgangssprache stehen Ihnen Englisch, Spanisch und Französisch zur Verfügung. Möchten Sie eine andere Sprache erlernen, dann ist Englisch die Ausgangssprache.

Fremdsprachen lernen wie ein Videospiel

Der Lernansatz von Duolingo ist anders als bei klassischen Sprachlernprogrammen: Statt Vokabeln zu büffeln, führt Duolingo in intuitiver und spielerischer Form durch die Übungen. Zu Beginn ermittelt Duolingo Ihren Wissensstand und den Grund, warum Sie die Sprache erlernen möchten. Sie können angeben, ob Sie ganz von vorne beginnen, oder bereits Kenntnisse in der gewählten Sprache haben. Ist das der Fall, gibt es einen rund fünfminütigen Einstufungstest. Mit verschiedenen abwechslungsreichen und poppig bebilderten Übungen führt Duolingo dann durch die Lek-

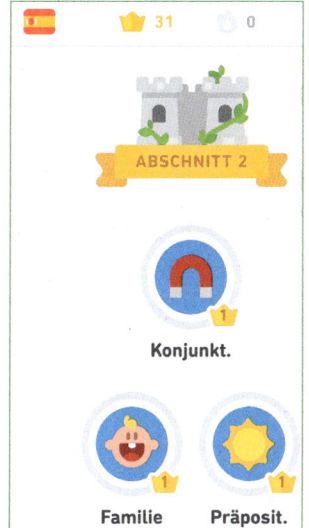  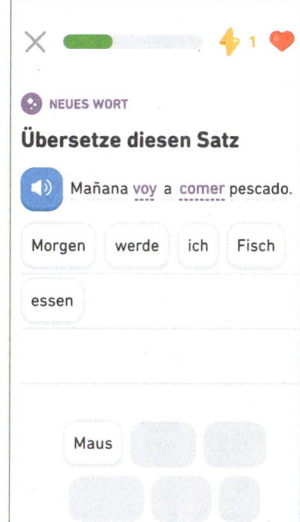

tionen. Ist eine Lektion abgeschlossen, wird die nächste freigeschaltet. Sind genügend Lektionen abgeschlossen, dann können Sie gegen andere Lernende antreten. In den *Einstellungen,* die man über das *Zahnradsymbol oben rechts* aufruft, lässt sich angeben, *wie lange eine Sitzung pro Tag dauern soll*. Sie können *zwischen fünf und 20 Minuten* wählen und das Tagesziel jederzeit anpassen. Schwänzen Sie die virtuellen Übungen zu lange, wird Ihr erreichtes Ziel wieder zurückgestuft.

→ **Babbel**

Die beliebteste Sprachlern-App bietet für Deutsch als Ausgangssprache neben Indonesisch ein Dutzend europäische Sprachen zum Erlernen an. Vor dem Benutzen fragt die App Ihren Wissensstand ab. Die App können Sie nach einer Anmeldung sieben Tage kostenlos testen. Danach zahlen Sie ab 7,99 Euro pro Monat. (Android/iOS)

Pons Bilderwörterbuch: Machen Sie sich ein Bild von neuen Sprachen

Android

iOS

Können Sie sich gut Gesichter merken, nicht aber die Namen der Personen? Dann gehören Sie vielleicht zu den visuellen Lerntypen. Neue Begriffe bleiben dann besonders gut in Erinnerung, wenn Sie dazu wortwörtlich ein Bild vor Augen haben. Außer dem visuellen Lerntyp gibt es diejenigen, die sich Neues beim Zuhören, beim Anpacken oder bei der Kommunikation mit anderen besonders gut verinnerlichen. Natürlich gibt es Mischformen, daher ist ein abwechslungsreiches Erlernen einer neuen Sprache mit einer Kombination dieser Lerntypen besonders effektiv.

Für audiovisuelle Lerntypen ist das Pons Bilderwörterbuch eine sinnvolle Ergänzung zu anderen Sprachlernprogrammen. Die App ist in den Varianten für Deutsch, Englisch, Französisch, Italienisch, Russisch und Spanisch erhältlich. Sie dient als Ergänzung zu den gedruckten Bilderwörterbüchern, die je 9,99 Euro kosten. Die spanische Variante des gedruckten Buches enthält beispielsweise 16 000 Wörter und Redewendungen mit Illustrationen. Im Buch ist ein Code-Gutschein enthalten, mit dem Sie die *Inhalte aktivieren* können. Dazu tippen Sie auf eine ausgegraute Vorschau und wählen *Code-Gutschein einlösen*. Alternativ können Sie einzelne Kapitel für 0,99 Euro kaufen. Die spanische Bilderwörterbuch-App enthält zum Beispiel 13 Kapitel, wovon eines kostenlos erhältlich ist.

Üben und vertiefen

Die App bietet die Modi *Lernen* und *Spielen*. Diese können Sie auf der rechten Seite wechseln. Im Modus *Spielen* ziehen Sie einen Begriff auf die dazu passende Abbildung. Der Begriff wird dabei nur

 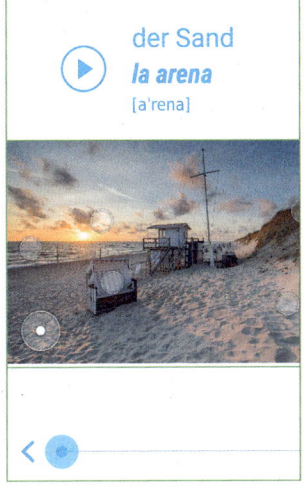 

einmal vorgespielt. Nach zehn Schritten ist die Lektion beendet und Sie fahren mit den nächsten zehn Begriffen fort.
Im Modus *Lernen* sind die Abbildungen direkt mit dem passenden Begriff verbunden. Sie können die Vokabeln beliebig oft anhören und nach belieben durch die einzelnen Aufgaben navigieren. Über ein *Stern-Symbol* lässt sich ein *Begriff einer Favoritenliste zufügen*, um ihn gezielt vertiefen zu können.

→ **Visuelles Wörterbuch**

Der DK Verlag bietet als Ergänzung zu seinen visuellen Wörterbüchern die Audio-App an. Sie scannen den Barcode auf der Rückseite eines Buches oder geben die ISBN-Nummer ein. Die App lädt dann alle Vokabeln des Buches. Sie können entweder per Kamera oder Angabe der Seitenzahl die Vokabeln jeder Seite aufrufen und sich diese vorlesen lassen. (Android/iOS)

Wohlbefinden und Gesundheit

Apps können hilfreich sein, wenn es um Gesundheit, Fitness und Wohlbefinden geht. Von Informationen zu gesundheitlichen Risiken im Ausland, einem Online-Arztbesuch bis hin zu einer Vorhersage von Pollenflug für Allergiker. Zu diesen Themen finden Sie auf den nächsten Seiten geeignete Anwendungen sowie Empfehlungen aus dem riesigen Angebot an Fitness- und Wellness-Apps.

Apps auf Rezept

Apps können sich positiv auf die Gesundheit auswirken. So helfen sie etwa bei Depressionen, Angststörungen, Tinnitus, Migräne oder Übergewicht, Diabetes und Alkoholabhängigkeit. Nach dem Digitalen Versorgungsgesetz (DVG) werden daher seit 2020 die Kosten geeigneter Apps von den Krankenkassen übernommen. Mit dabei ist die Meditations-App 7Mind, die wir in diesem Kapitel als Alternative zu Headspace vorstellen. Videosprechstunden der ebenfalls in diesem Kapitel vertretenen Plattformen TeleClinic und Kry sind für gesetzlich Versicherte kostenlos.

Fitness-Apps und Datenschutz

Fitness-Apps lassen sich oft mit Smartwatches und mit den Diensten Google Fit sowie Apple Health verbinden. Auf diese Weise können Sie bequem auf die Funktionen der App zugreifen und Körpermesswerte übermitteln. Jedoch geben Sie mehr persönliche Daten Preis, als Ihnen vielleicht bewusst ist. So hat der Vergleichstest in Ausgabe test 5/2021 allen Fitnesstrackern einen nur ausreichenden Schutz persönlicher Daten bescheinigt. Bei den Smartwatches schaut es ähnlich aus: Nur fünf der 21 getesteten Smartwatches bieten einen befriedigenden Datenschutz, alle anderen nur einen ausreichenden.

Deine Kasse zahlt

Die Kosten für den Termin übernimmt die Krankenkasse – egal, wo du versichert bist.

Sicher reisen: Aktuelle Reiseinfos vom Auswärtigen Amt

Android

iOS

Die App des Auswärtigen Amts informiert Sie über alles Wesentliche für eine sichere Auslandsreise. Die allgemeine medizinische Versorgung wird ebenso aufgeführt, wie die politische und klimatische Sicherheitslage. Zudem erfahren Sie, ob und wo Gefahren durch giftige Tiere auftreten können. Auf einer Landkarte oder per Textsuche finden Sie außerdem einen reisemedizinisch fortgebildeten Arzt in Ihrer Nähe.

Checkliste zu Ihrer Reise

Über das *Eingabefeld* wählen Sie entweder *per Liste oder Texteingabe das Land* aus, das Sie bereisen möchten. Oben rechts können Sie das *Pin-Symbol aktivieren*, um das Land einer *Favoritenliste* hinzuzufügen. Die Informationen zu dem Land teilt sich in die zwei Reiter *Vorbereitung* und *Vor Ort*, zwischen denen Sie über dem Foto des jeweiligen Landes wechseln.

▶ **Vorbereitung:** Unter *Vorbereitung* sind die Informationen in die Bereiche *Reise- und Sicherheitshinweise*, *Checkliste zur Reise*, *Länderinformationen* und *Vertretungen in Deutschland* aufgeteilt. Interessant ist die *Checkliste*, auf der Sie alle wichtigen Punkte für die *Reisevorbereitung abhaken* können. Informieren Sie sich rechtzeitig vor der Reise über alle Belange, die Ihre *Gesundheit* betreffen. Wählen Sie dazu unter *Reise- und Sicherheitshinweise* den Punkt *Gesundheit*.

▶ **Vor Ort:** Der Bereich *Vor Ort* bietet eine *Liste der deutschen Vertretung in dem Reiseland*. Hilfreich ist das *Notfall-Feld*, das Sie *im Vor Ort-Fenster unten links* aufrufen. Sie erhalten Tipps zu vielen misslichen Situationen wie Passverlust, Verkehrsunfall, Todesfall oder eine Insolvenz des Reiseveranstalters.

Offline ist nicht immer empfehlenswert

Sie können die App unterwegs auch ohne Internetverbindung verwenden. Dazu wählen Sie über die *drei Punkte oben rechts* die *Einstellungen*. Tippen Sie zur Sicherheit auf *Jetzt alle Daten aktualisieren*. Wählen Sie *Berechtigungen und Benachrichtigungen* und *deaktivieren* unter *Mobile Datenverbindung* den Punkt *Hintergrunddatennutzung zulassen* sowie *Datenverwendung bei Datensparen erlauben*. Nur bei bestehendem Internetzugang per WLAN werden dann die Informationen aktualisiert. Beachten Sie, dass Sie eventuell wichtige neue Informationen verpassen könnten, sollten Sie längere Zeit keine WLAN-Verbindung nutzen können.

→ **Fit for Travel**

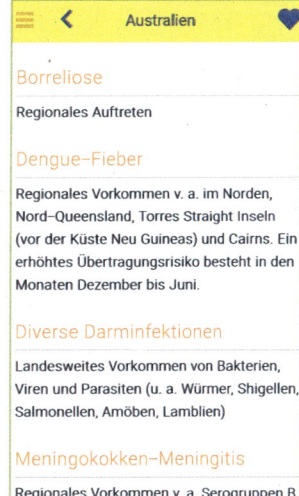

Auf der Startseite der App erhalten Sie Gesundheitsinformationen zu Impfungen, Malaria und Risiken sowie aktuelle Hinweise. Außerdem können Sie eine Klimatabelle des Reiselandes aufrufen. Über die drei Striche oben links stehen unter anderem Notfalltipps bereit, die neben Erste-Hilfe-Maßnahmen auch die Themen Reiseapotheke sowie das Verhalten bei Flugangst behandeln. Die kostenlose App wird vom Pharma-Unternehmen GlaxoSmithKline angeboten. (Android/iOS)

GesundheitsWetter: Wissen, wann das Wetter unangenehm wird

Android

iOS

Das Wetter kann verschiedene Beschwerden verursachen. Die Ursache sind neben ungünstigen Wetterlagen der Pollenflug, der je nach Pflanze vom Frühling bis zum Spätsommer dauert. Die 0,99 Euro teure App des Deutschen Wetterdienstes liefert dazu umfangreiche und exakte Wetterdaten für Deutschland. So können Sie sich auf die Bedingungen besser einstellen.

Die vier Kategorien des Gesundheitswetters

Die App teilt die Wetter- und Umwelteinflüsse, die zu Unwohlsein oder allergischen Reaktionen führen, in folgende vier Kategorien ein.

▶ **Hitzewarnung:** Tritt mindestens zwei Tage in Folge eine ungewöhnlich hohe Hitze auf, gibt die App eine Warnung in zwei Stufen aus: Die erste Warnung erfolgt, wenn die gefühlte Temperatur am frühen Nachmittag 32 Grad übersteigt. Vor einer extremen Wärmebelastung warnt die zweite Meldung, wenn die gefühlte Temperatur zur gleichen Tageszeit 38 Grad überschreitet.

▶ **UV-Warnung:** Besonders im Frühling und Frühsommer kann mittags die UV-Strahlung so weit ansteigen, dass sie schädigend für Haut und Augen sein kann. Die App warnt, sobald der UV-Wert mindestens den Wert 5 erreicht.

▶ **Wetterfühligkeit:** Extreme Wetteränderungen bedeuten Stress für den Organismus. Diese sogenannte Biotropie macht sich bei manchen durch körperliche Beschwerden bemerkbar. Die häufigsten Symptome sind Kopfschmerzen, Müdigkeit, Gelenkschmerzen sowie Schlafstörungen.

▶ **Pollenflug:** Sie können den Pollenflug von Haselsträuchern, Erle, Esche und Birke sowie Gräser, Roggen, Beifuß und Ambrosia anzeigen lassen. Zu jedem Pollentyp gibt es außer einer Kurzinformation eine Anzeige, in welchem Zeitraum der Pollenflug stattfindet.

Vorhersagen anpassen

Einen oder mehrere Orte können Sie zu einer Favoritenliste hinzufügen. Die Orte lassen sich entweder auf einer *Landkarte* oder per *Postleitzahl* wählen. Außerdem können Sie Ihren aktuellen GPS-Standort als Position übernehmen. Für jeden Ort in der *Favoritenliste* lassen sich Warnungen und Informationen individuell wählen. Tippen Sie dazu auf die *drei Punkte rechts von dem Namen des Ortes*, den Sie als Favorit hinzugefügt haben. Unten erscheint sich dann ein Menü, über das Sie die Auswahl der Warnungen anpassen können.

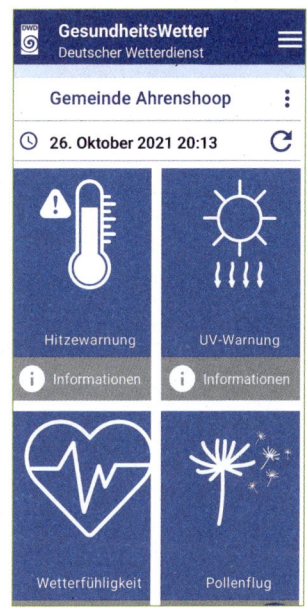

→ **Pollenflug**

Die kostenlose App von Hexal bietet eine Vorhersage für den Pollenflug von 15 Pflanzen. Im Hochformat reicht die Vorhersage für den aktuellen und die nächsten beiden Tage, im Querformat für insgesamt sieben Tage. Für jede Pflanze erhalten Sie Detailinformationen inklusive eines Diagramms zur Blütezeit. Ein oder mehrere Orte lassen sich zu einer Favoritenliste zufügen. (Android/iOS)

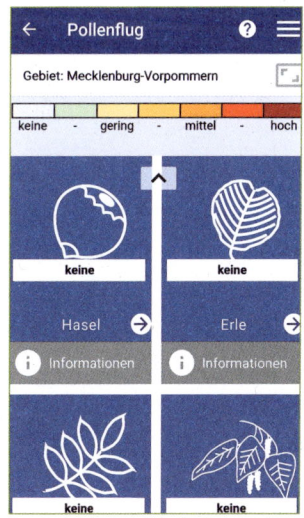

TeleClinic: Online-Arztbesuch per Videogespräch

Android

iOS

Im Urlaub plagen Sie plötzlich körperliche Beschwerden und der nächste Arzt ist weit entfernt? Dann können Sie per Smartphone mit Internetverbindung eine virtuelle Sprechstunde mit einem Arzt vereinbaren. Einige Haus- oder Fachärzte bieten diesen Service. Alternativ können Sie Online-Portale für Videosprechstunden nutzen, die in Deutschland zugelassene Fachärzte mit den Patienten vermitteln. Für viele Wehwehchen reicht eine Videosprechstunde. Doch manchmal ist ein physischer Arztbesuch erforderlich. Ist das der Fall, wird der Arzt Ihnen das in der Videosprechstunde empfehlen.

TeleClinic ist der Vorreiter unter den Dienstleistern für Videosprechstunden. Die Kosten übernimmt die Krankenkasse. Privatpatienten zahlen ab 38 Euro pro Sprechstunde. Gesetzlich Versicherte können den Online-Arztbesuch ohne Zuzahlung täglich zwischen 6.00 Uhr und 23.00 Uhr in Anspruch nehmen, selbst aus dem Ausland. Rezepte erhalten Sie in digitaler Form, auch eine Krankschreibung ist auf diesem Weg möglich. Sie können das Rezept in einer Partner-Apotheke von TeleClinic einlösen oder das digitale Rezept an die Onlineapotheke DocMorris senden. Die Kosten für die Medikamente müssen gesetzlich Versicherte voll übernehmen, da TeleClinic wie alle anderen Online-Portale, die diesen Dienst anbieten, derzeit nur Privatrezepte ausstellen dürfen. Eine Lieferung der Medikamente ins Ausland ist nicht möglich.

Videosprechstunde vereinbaren

Melden Sie sich an und geben Sie Ihre *Gesundheitsdaten* ein. Zum eigenen Schutz müssen Sie einen *Code für die Freischaltung* angeben, mit dem Sie die App nach einem Start öffnen können. Das *Frei-*

 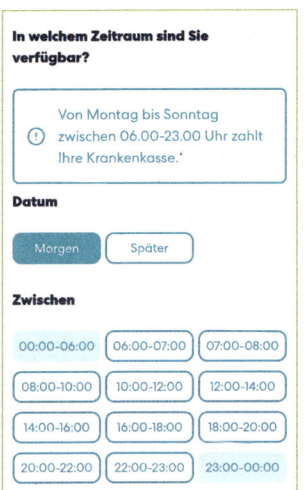 

schalten über *biometrische Daten* (Fingerabdruck, Gesichtserkennung) ist ebenfalls möglich. Auf dem Startbildschirm der App wählen Sie zunächst die *Art Ihrer Beschwerden* aus. Sie werden schrittweise durch einen *Fragebogen* geführt. Im letzten Schritt können Sie Ihren *Wunschtermin wählen*. Der genaue Termin wird Ihnen nach einer Bearbeitung in der App angezeigt. Ein T*ermin lässt sich kostenlos stornieren*, indem Sie *im Chat dieses Anliegen mitteilen*. Die *Chat-Funktion* rufen Sie *auf der Startseite oben rechts* über das *Sprechblasensymbol* auf.

→ **Kry**

Ein ähnliches Angebot wie TeleClinic bietet Kry. Die Kosten für gesetzlich Versicherte übernimmt auch hier die Krankenkasse. Privatpatienten zahlen ab 30,59 Euro. Rezepte können über die Videosprechstunde ebenfalls verschrieben werden. (Android/iOS)

Headspace: Entspannung und Wohlbefinden mit Meditation

Android

iOS

Nutzen Sie die Auszeit im Urlaub, um mit Selbstpflege anzufangen oder sie zu vertiefen. Die Meditation ist dazu ein wirkungsvolles Werkzeug. Sie bauen mit dieser Entspannungstechnik Stress ab und finden zur inneren Ruhe. Im Vergleichstest von zehn Meditations-Apps (test 8/2021) belegt Headspace mit dem Qualitätsurteil Gut (1,9) den ersten Platz. Der belegte Nutzen wurde im Test von psychologischen Gutachtern untersucht. Die Übungen von Headspace stechen mit dem Urteil Sehr gut (0,5) klar heraus. Auch beim Konzept der App, das unter anderem die Methoden, Art der Meditationen und Medien berücksichtigt, erreicht Headspace mit Gut (1,6) das beste Ergebnis. Entwickelt wurden die Kurse und Übungen auf Grundlage der Meditationstechniken des Mitbegründers Andy Puddicombe. Das Meditationstraining führte ihn zehn Jahre in die verschiedensten Länder, bis er in einem tibetischen Kloster zum buddhistischen Mönch ordiniert wurde.

Meditation erlernen und vertiefen

Damit sich Headspace verwenden lässt, müssen Sie sich zunächst *anmelden*. Nach dem ersten Start wählen Sie aus den vier Punkten *Stress und Ängste*, *Erholsamer Schlaf*, *Etwas Neues lernen* und *Mehr Fokus*, welches Thema Sie am meisten interessiert. In der kostenlosen Version können Sie eine Meditation nutzen. Das Abo ab 4,83 Euro pro Monat bietet Hunderte Meditationen, Entspannungsübungen und Musik zu vielen Lebensbereichen. Für den ersten Eindruck reicht die kostenlose Version kaum, allerdings lässt sich Headspace 14 Tage lang kostenlos testen.

Über das *Suchfeld* im Kopfbereich finden Sie viele *Übungen*, etwa zum Thema mehr Achtsamkeit im Alltag oder dem Bewältigen von

Stresssituationen oder Schuldgefühlen. Mit dabei sind auch spezielle Themen, beispielsweise eine Meditation zu Flugangst, gehen in der Stadt oder Essen kochen. Das hilft, auch Alltägliches bewusst wahrzunehmen und mit Ängsten umzugehen. *Übungen* können Sie *einer Favoriten-Liste zufügen*, auch lässt sich eine *Liste der zuletzt aufgerufenen Übungen* ansehen. Unter *Meditieren* finden Sie einen umfangreichen Einführungskurs mit Erklärungen zur Meditation und den Entspannungstechniken. Sie können zudem bewährte Techniken unter anderem zu Bodyscan, Fokussierung, Wahrnehmung oder Visualisierung erlernen und vertiefen.

→ 7Mind

Als zweitplatzierter von elf Meditations-Apps belegt die App 7Mind mit 2,5 das Qualitätsurteil Gut. Den belegten Nutzen der Meditation beurteilen die Tester mit Befriedigend (2,7), das Konzept mit Gut (2,1). Die App ist klar strukturiert und bietet wie Headspace neben einem Grundlagenkurs eine Vielzahl an Themen. Die Kosten für die App kann von einigen Krankenkassen übernommen werden. (Android/iOS)

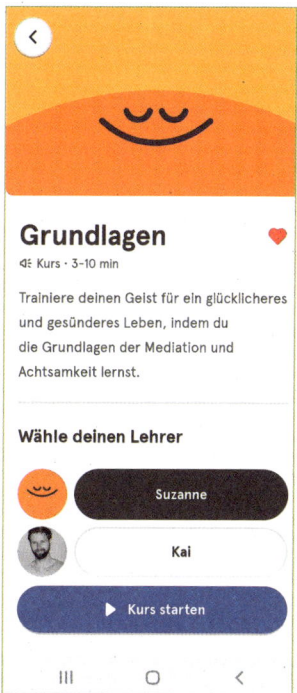

Daten schützen, Kostenfallen vermeiden

Der Schutz Ihrer Daten ist wichtiger als der Gerätepreis des Smartphones, sollte das Gerät verloren gehen oder gestohlen werden. Auch Cyber-Betrüger, überteuerte Apps und versteckte Abo-Fallen können Geld und Nerven kosten. Glücklicherweise sind Sie all diesen Szenarien nicht schutzlos ausgeliefert. Mit ein paar Verhaltensregeln und einem gut abgesicherten Zugang zum Smartphone können Sie Schaden vermeiden oder eingrenzen.

Gut vorbereitet in den Urlaub

📍 **Im Urlaub entfliehen** Sie dem täglichen Trott. So kann eine Reise auch ein kleines Abenteuer werden, auf der Unvorhergesehenes passieren kann. Eine unangenehme Überraschung ist es, wenn Sie wichtige Dokumente oder Ihr Smartphone verlieren oder wenn unbemerkt hohe Kosten bei der Internetnutzung entstehen. Mit dieser Checkliste sind Sie besser darauf vorbereitet.

1. **Smartphone-Ortung aktivieren:** Käme Ihr Smartphone abhanden, könnten Sie es mit Glück über eine Ortungsfunktion aufspüren. Aktivieren Sie daher die Ortungsfunktion Ihres Geräts. Wie das im Detail funktioniert, erklären wir auf Seite 166.

2. **Zugangsschutz:** Wertvoller als der materielle Wert des Gerätes sind Ihre Daten. Es wäre nicht auszumalen, wenn ein Unbefugter an sensible Daten gelangen würde. Daher ist es wichtig, dass Sie über biometrische Daten wie Fingerabdruck oder Gesichtserkennung und/oder einen Code das Smartphone gut vor unerlaubtem Zugriff schützen.

3. **Mit dem Smartphone zahlen:** Sollten Sie eine Kreditkarte als Bezahloption für Google Pay oder Apple Pay eingerichtet haben (siehe Seite 28), dann können Sie entweder mit Karte oder mit Smartphone bezahlen. Ist die Karte abhandengekommen und Sie haben diese sperren lassen, dann können Sie weiterhin mit dem Smartphone bezahlen.

❹ **Fotografieren Sie Ihre Dokumente:** Sollten Sie Reisepass, Führerschein oder sonstige wichtige Unterlagen verlieren, dann können zumindest Fotos dieser Dokumente bei dem Nachweis Ihrer Identität helfen. Fotografieren Sie die Dokumente oder nutzen Sie eine Dokumentenscanner-App, die Sie auch kostenlos im Google Play Store finden. Tipp für iPhone-Benutzer: Die vorinstallierte App „Notizen" bietet bereits einen guten Dokumentenscanner.

❺ **Kostenfalle Roaming:** Außerhalb der EU zahlen Sie teils hohe Roaming-Gebühren. Sehr teuer kann es auf Kreuzfahrtschiffen oder Fähren werden. Erkundigen Sie sich vorab über mögliche Kosten und beachten Sie unsere Hinweise auf Seite 167.

❻ **Offline-Daten nutzen:** Ob Google Maps oder Übersetzungs-Apps: Viele Anwendungen bieten die Möglichkeit, Daten herunterzuladen, damit Sie diese auch ohne Internetverbindung nutzen können. Das bringt zwei Vorteile: Sie können die App offline nutzen – auch in Gegenden, in denen es nur schlechten oder keinen Mobilfunkempfang gibt. Planen Sie, welche Apps Sie für den Urlaub benötigen könnten und laden Sie die angebotenen Daten in einer WLAN-Umgebung mit guter Internetverbindung auf Ihr Smartphone.

❼ **VPN für öffentliche WLAN-Hotspots:** Innerhalb eines öffentlichen WLAN-Hotspots ist die Verbindung meist unverschlüsselt. Mit genügend krimineller Energie können andere Nutzer, die sich im gleichen WLAN befinden, Ihren Datenstrom

> **Tipp**
>
> **Auf der Internetseite** von Stiftung Warentest finden Sie unter diesem QR-Code einen Ratgeber mit Tipps für einen stressfreien Urlaub. Die Tipps reichen von Buchung, Versicherung und Reisedokumente bis hin zu Zahlungsmitteln.

> **Tipp**
>
> **Zoll und Reise** Welche Waren dürfen Sie auf der Rückreise einführen? Die vom Bundesministerium für Finanzen herausgegebene App „Zoll und Reise" ergänzt die App „Sicher reisen", die wir auf Seite 154 vorgestellt haben, um detaillierte Informationen zu den Zollbestimmungen des jeweiligen Reiselandes. Interessant ist vor allem der Bereich „Erlaubt?". Wählen Sie das Reiseland aus der Liste oder per Texteingabe die Ware, die Sie einführen möchten. Sie erhalten Informationen über die Freimengen sowie den anfallenden Zollgebühren. (Android/iOS)

abfangen. Eine VPN-Verbindung verschlüsselt Ihre Daten. Näheres dazu finden Sie auf Seite 172.

8. **Stromversorgung:** Ohne Strom nutzt das leistungsfähigste Smartphone nichts. Achten Sie darauf, ob Sie Reiseadapter benötigen und planen Sie für längere Outdoor-Unternehmungen einen Zusatz-Akku (Powerbank) mit ein.

Smartphone verloren, gestohlen oder nicht gefunden

Ein Android-Smartphone und ein iPhone bieten jeweils einen Service, mit dem Sie ihr Smartphone auf einer Karte orten können. Zudem lässt sich ein Ton auf dem vermissten Smartphone abspielen, es sperren und sogar löschen. Die Voraussetzungen dazu: Der Akku des Smartphones darf nicht leer sein. Zudem muss es sich dazu an einem Ort befinden, der einen Internet-Zugang bietet. Ein iPhone

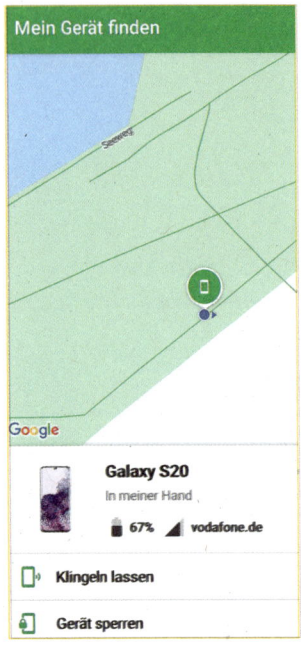

muss dabei nicht einmal eingeschaltet sein. Anderenfalls zeigen sowohl die Ortungsdienste von Android wie auch iOS den letzten Standort an, den das Smartphone übermitteln konnte.

▶ **Android:** Damit Sie das Smartphone finden, muss es mit dem *Google-Konto* angemeldet sein. Zudem ist es notwendig, dass die *Standortfreigabe aktiviert* ist. Die Einstellungen unterscheiden sich je nach Modell, daher nur eine allgemeine Beschreibung: Öffnen Sie die App *Einstellung* und wählen Sie je nach Smartphone-Modell *Sicherheit* (Samsung: *Datenschutz*). Aktivieren Sie *Mein Gerät finden* (Samsung: *Google-Standortverlauf*). Laden Sie die App *Mein Gerät finden* und starten sie. Alternativ lässt sich auf der Internetseite aufrufen: https://android.com/find Sie können auf einer Karte den letzten Standort ermitteln und *einen Klingelton* auf dem vermissten Smartphone wiedergeben, selbst dann, wenn es auf „lautlos" gestellt ist. Zudem kann man das Gerät so sperren oder löschen.

▶ **iPhone:** Damit Sie ein iPhone finden, muss es zunächst über Ihre *Apple-ID* mit einem *iCloud-Konto* angemeldet sein. Rufen Sie die App *Einstellungen* auf und wählen in Ihrem Profil *Wo ist?*. Aktivieren Sie *Standort teilen*. Ist ein anderes iPhone mit Ihrer Apple-ID angemeldet, lässt sich das verloren gegangene iPhone mit der App *Wo ist* wiederfinden. Alternativ können Sie von einem beliebigen Gerät aus die Internetseite aufrufen: www.icloud.com. Sie können auf dem verlorenen iPhone *einen Ton abspielen*, auch wenn es auf „lautlos" gestellt ist. Das iPhone lässt sich zudem als verloren markieren und seine Daten löschen. Per App können Sie eine Nachricht schicken, die auf dem iPhone angezeigt wird.

Halten Sie Ihre Internet-Kosten im Blick

Mit dem Internet sind viele Apps und Dienste auf dem Smartphone wie an einer Nabelschnur verbunden. Sie empfangen unter anderem Systemupdates, Nachrichten, Wetterdaten oder Informationen passend zu Ihrer aktuellen Position. Meist wissen Sie nicht, wann das Smartphone Daten aus dem Internet lädt oder sendet. Solange Sie sich in Deutschland aufhalten und das Datenvolumen Ihres Mobilfunkvertrages im grünen Bereich ist, braucht Sie das kaum zu kümmern. Im Ausland wechselt das Smartphone allerdings automatisch das Mobilfunknetz zu einem ausländischen Anbieter. Dieses sogenannte Roaming kann unbemerkt Kosten verursachen.

▶ **EU-weit kostenloses Roaming:** Innerhalb der EU ist das Roaming des Mobilfunks kostenlos. Sie können beispielsweise in Spanien, Frankreich oder Italien ohne Zusatzkosten telefonieren und im Internet surfen. Auch in den Nicht-EU-Länder Island, Norwegen und Lichtenstein lässt sich kostenloses Roaming nutzen. Für Großbritannien halten sich nach dem EU-Austritt die meisten Anbieter bislang an die EU-Roaming-Regeln. Doch das kann sich in Zukunft ändern. Vor der Reise ist es daher empfehlenswert, die Roaming-Bedingungen Ihres Mobilfunkvertrages zu prüfen.

▶ **Achtung bei EU-Grenzgebieten:** Vorsichtig sein sollten Sie in der Schweiz, Andorra und Gibraltar, die zwar mitten in Europa liegen, aber keine EU-Mitglieder sind. Hier zahlen Sie für eine Internet-Nutzung in der Regel extra. Manche Mobilfunkanbieter wie die Telekom bieten ein kostenloses Roaming auch für diese Länder an. Selbst an den Grenzregionen zu diesen Ländern sowie den EU-Außengrenzen kann es vorkommen, dass das Smartphone sich mit einem Mobilfunk-Netz aus einem Nicht-EU-Land verbindet.

▶ **Roaming außerhalb der EU:** Außerhalb der EU kostet das Roaming extra. Prüfen Sie vor der Reise beispielsweise in die Türkei, ob Ihr Mobilfunkanbieter eine einstellbare Kostenbremse für gebührenpflichtiges Roaming außerhalb der EU bietet. Zum Schutz hat die EU bereits eine weltweit gültige Preisobergrenze festgelegt, die bei knapp 60 Euro liegt. Diese können Sie auf Wunsch bei Ihrem Mobilfunkanbieter deaktivieren, jedoch nicht individuell anpassen. Möchten Sie im EU-Ausland dennoch nicht auf mobiles Internet verzichten, können Sie mit einer Prepaid-Karte sparen, die Sie am Urlaubsort oder über das Internet kaufen. Den Verbrauch von Datenvolumen können Sie zusätzlich reduzieren: Starten Sie auf einem Android-Smartphone die App *Einstellungen* und wählen *Verbindungen > Datennutzung* und aktivieren *Datensparen*. Als iPhone-Nutzer starten Sie die App *Einstellungen*, wählen *Mobilfunk > Datenoptionen* und aktivieren *Datensparmodus*.

▶ **Kreuzfahrtschiffe und Fähren:** Besonders kostspielig ist das Roaming auf Schiffen. Das Mobilfunknetz wechselt zu dem stärkeren Netz, das auf Schiffen zumeist ein Satellitennetz ist. Teuer kann vor allem der automatische E-Mail-Empfang werden. Ein Megabyte Datenvolumen, das mitunter selbst durch eine E-Mail mit Anhang verursacht wird, kann bis zu 30 Euro kosten. Da die EU-Roaming-Verordnung auf hoher See nicht greift, gibt es auch keine Kostenobergrenze. Erkundigen Sie sich etwa bei einer Kreuzfahrt über die Kosten und der Möglichkeit, eine WLAN-Verbindung nutzen zu können. Alternativ schalten Sie das Smartphone rechtzeitig in den Flugmodus, der alle Mobilfunk-Aktivitäten deaktiviert. Offline lässt sich das Smartphone dann weiterhin nutzen, beispielsweise zum Fotografieren.

> **Info**
>
> **Roaming ausschalten:** Möchten Sie auf jeden Fall Zusatzkosten vermeiden, dann können Sie das Daten-Roaming auf Ihrem Smartphone ausschalten. Auf einem Android-Smartphone öffnen Sie die App *Einstellungen* und Wählen *Verbindungen > Mobile Netzwerke*. *Deaktivieren* Sie den *Schieberegler für Daten-Roaming*. Ähnlich gehen Sie als iPhone-Nutzer vor: Öffnen Sie die App *Einstellungen* und wählen *Mobilfunk > Datenoptionen*. *Deaktivieren* Sie den *Schieberegler Datenroaming*.

So verwenden Sie Apps sicher

Ein Betriebssystem auf dem aktuellen Stand ist die Grundvoraussetzung dafür, dass Sie ein Smartphone sicher verwenden können. Denn Cyberkriminelle und Software-Anbieter liefern sich ein Katz-und-Maus-Spiel: Es lässt sich nicht vermeiden, dass jedes Betriebssystem seine Schwachstellen hat. Systemupdates stopfen diese Sicherheitslöcher. Daher ist es empfehlenswert, dass Sie regelmäßig die Aktualisierungen installieren. Das geht auch fast automatisch: Sowohl bei Android als auch bei iOS ist voreingestellt, dass Systemupdates automatisch geladen werden. Sie müssen nur zu einem passenden Zeitpunkt bestätigen, dass Sie das Update installieren. Apple liefert in recht kurzen Abständen Sicherheitsupdates und unterstützt auch ältere Modelle, Google veröffentlicht sie monatlich. Stellen Sie sicher, dass das automatische *Softwareupdate aktiviert* ist. Bei Android prüfen Sie es in der App *Einstellungen* unter *Software-Update* und auf dem iPhone in gleichnamiger App unter *Allgemein > Softwareupdate*.

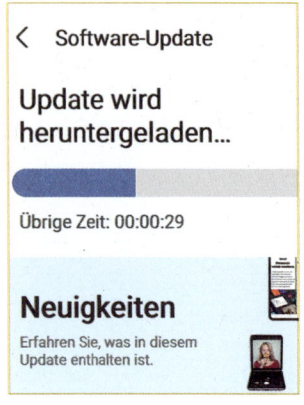

Erstellen Sie regelmäßig Backups

Das Wertvollste an einem Smartphone sind die Daten, die darauf gespeichert sind: Fotos, Kontaktinformationen, Mails und Zugangsdaten oft zu Dutzenden Diensten sammeln sich an. Erstellen Sie ein Backup, damit diese Daten im Falle eines Verlustes erhalten bleiben. Das ist sowohl mit einem Android-Smartphone wie auch einem iPhone bequem über einen Online-Speicher möglich, der automatisch Backups erstellt.

▶ **Android:** Mit dem Cloud-Dienst „Google One" können Sie *automatisierte Backups* von Ihrem Smartphone erstellen. Die Daten werden auf einem Internetspeicher gesichert. Das Backup speichert neben Apps auch Kontakte, Termine, Kalender-Einträge, SMS-Nachrichten, Passwörter, Hintergründe und Einstellungen, unter anderem für Gmail. Dateien und Ordner lassen sich mit weiteren Cloud-Diensten wie Google Drive, Fotos und Videos mit Google Fotos sichern (siehe Seite 136).

▶ **iPhone:** Eine *Backup-Funktion* bietet der Apple-eigene Cloud-Dienst iCloud. Sie starten die App *Einstellungen*, wählen *Ihr Profil* und tippen auf das *iPhone-Icon*. Sie können dort das *iCloud-Backup aktivieren*. Ein iCloud-Backup speichert Apps, Apple-Watch-Daten, Einstellungen, Den *Home-Bildschirm* mit der Anordnung von Apps, Nachrichten von iMessage, SMS und MMS, Fotos und Videos und weitere Einstellungen. Fotos und Videos können Sie alternativ *mit iCloud Fotos sichern*.

Sicherheitsrisiko Mensch

Sicherheitslücken im Betriebssystem nutzen Kriminelle als einen von mehreren Möglichkeiten, um an sensible Daten zu gelangen oder den Nutzer mit sogenannter Ransomware zu erpressen. Diese Software kapert die Daten und verschlüsselt sie. Erst nach einer Lösegeldzahlung werden sie wieder entschlüsselt, so das meist leere Versprechen Cyberkrimineller.

Die größte Sicherheitslücke indes sind Sie selbst. Durch sogenannte Phishing-Mails, die Mails von bekannten Firmen und Banken zum Glück oft schlecht nachahmen, versuchen Kriminelle ihr Glück. Solche unerwünschten E-Mails sollen Sie meist dazu bringen, einen Link aufzurufen, der automatisch Schadsoftware lädt. Bewahren Sie ein gesundes Misstrauen, sollten Sie in einer Mail aufgefordert werden, irgendwelche Daten von sich preiszugeben oder sich bei einem Dienst anzumelden.

Doppelt hält besser

Eine *Zugangssperre zum Starten* des Smartphones ist mittlerweile für die meisten Anwender selbstverständlich. Immerhin ist das ein sehr offensichtlicher Schutz, damit unbefugte nicht an die Daten kommen, die auf Ihrem Smartphone gespeichert sind.

Ebenso selbstverständlich sollte die sogenannte Zwei-Faktoren-Authentifizierung sein. Diesen dringend anzuratenden Zugangsschutz zu vielen Diensten sollten Sie unbedingt nutzen, sofern verfügbar. Für das Onlinebanking ist es mittlerweile Pflicht. Bei einem solchen doppelten Schutz reicht es nicht, dass Sie nur mit einem Passwort Zugriff auf den Dienst haben. Zusätzlich müssen Sie über eine zweite Quelle bestätigen, dass Sie für den Zugriff berechtigt sind. Diese zweite Quelle kann beispielsweise ein weiterer per SMS zugeschickter Code sein.

Info **Smartphone-Sicherheit:** Das Bundesamt für Sicherheit und Informationstechnik hat eine Videoreihe veröffentlicht, die in kurzen Interviews die wichtigsten Punkte der Smartphone-Sicherheit beleuchtet. Über diesen QR-Link können Sie die entsprechende Internetadresse aufrufen.

Schutz in öffentlichen WLAN-Hotspots

Öffentliches WLAN finden Sie an jeder Ecke, sei es in einem Restaurant, Café Hotel oder am Flughafen. Oft können Sie sich kostenlos einwählen oder günstige Tarife nutzen. So lässt sich schnelles Internet nutzen und vor allem im EU-Ausland Mobilfunkkosten sparen. Doch die Kehrseite der Medaille ist, dass die WLAN-Netze in der Regel nicht verschlüsselt sind. Jeder, der sich im gleichen Netz befindet, kann Ihren Datenstrom abfangen. Das ist dann besonders fatal, wenn Sie sensible Daten per Internet übermitteln – beispielsweise für das Online-Banking oder den Kauf in einem Online-Shop. Daher sollten Sie es vermeiden, über öffentliche WLAN-Netze Online-Bankgeschäfte zu tätigen, oder vertrauliche Gespräche zu führen.

Einen wirksamen Schutz gibt es: Mit einem sogenannten VPN lassen sich die Daten verschlüsselt verschicken und empfangen. Zudem ist Ihre echte IP-Adresse für andere nicht sichtbar. VPN steht für die englische Abkürzung von virtuellem, privatem Netzwerk.

Für das Smartphone gibt es eine Reihe von Apps, die eine VPN-Verbindung ermöglichen. In unserem Vergleichstest von VPN-Diensten in der Ausgabe test 6/2021 geht NordVPN als Testsieger hervor. Der Dienst kostet knapp fünf Euro pro Monat. Einen ebenso guten Schutz bietet der zweitplatzierte Dienst „VPN Surfshark", der mit zwei Euro pro Monat deutlich günstiger ist. Zudem können Sie die kostenlose App „1.1.1.1." von Cloudflare verwenden.

Kaum eine Bedrohung durch Viren

Viren und Malware sind für iPhone-Benutzer so gut wie kein Thema, Besitzer eines Android-Smartphones sind relativ sicher. Apple bietet für das iPhone und iPad mit seinen strengen Prüfungen der Apps einen besseren Schutz im Vergleich zu einem Android-Smartphone. Anders als bei Android lautet für iOS das Motto: Es kann nur einen geben. Denn außer dem Apple App Store gibt es keine weitere Möglichkeit, Apps zu installieren. Da es keine virenbefallenen Apps im App Store gibt, finden Sie auch keine Virenscanner für das iPhone. Es gibt zwar Sicherheits-Apps, die Ihnen allerdings kaum einen Mehrwert bieten.

Android-Smartphone effektiv schützen

Auch der Google Play Store stellt mit Play Protect sicher, dass Apps keine Schadsoftware enthalten. Es prüft bereits beim Installieren von Apps, ob sie unbedenklich sind. Bereits installierte Apps aus anderen Quellen scannt Play Protect ebenfalls auf mögliche Schadsoftware. Das können auch Sie: Öffnen Sie die *App Play Store* und tippen *oben rechts auf Ihr Profil-Icon*. Wählen Sie *Play Protect* und tippen auf *Scannen*.

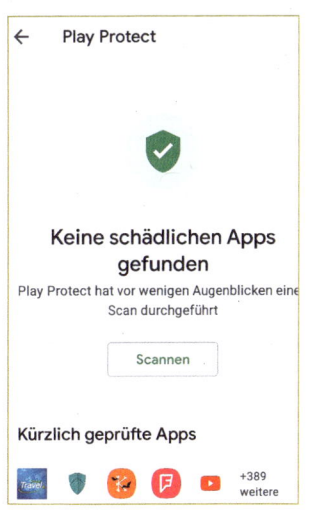

Doch Google Play Protect findet nicht jede Schadsoftware, wie der Vergleichstest „Trügerische Sicherheit" von Sicherheits-Apps in der Ausgabe test 1/2019 herausgefunden hat: Google Play Protect erkannte von 2 000 Schadprogrammen nur die Hälfte, die meisten getesteten Apps fanden fast alle. Gefährlicher als virenverseuchte Apps ist das bereits erwähnte „Phishing" (siehe Seite 171). Dabei versuchen Betrüger mit gefälschten Webseiten oder E-Mails, an Ihre Zugangsdaten beispielsweise der Bank, Paypal oder Amazon zu kommen. Einen sehr guten Schutz vor Phishing und Viren bietet der Testsieger Eset, der zehn Euro pro Jahr kostet. Den besten kostenlosen Schutz bietet die Gratisversion von AVG Antivirus. Gepaart mit einer gesunden Skepsis gegenüber E-Mails, die Sie auffordern Ihre Benutzerdaten anzugeben, sind Sie so allumfassend vor Internet-Betrügern geschützt.

Hilfe

Stichwortverzeichnis

A

Abo kündigen 12
– iPhone 16
Abo-Modelle 6
Abwasser siehe Grauwasser 55
Android-Smartphone 5
Anmieten, Wohnwagen 61
Apple App Store 5
Apple Health 153
Apple iCloud 137
Apple Pay 19, 163
App-Mediathek, iPhone 17
Apps, Krankenkassen 153
Astronomie 113
Augmented Reality (AR)
– Berge bestimmen 98
– Stadtpläne weltweit 120
– Sternbilder 114
Ausland, Navi-App 82
Auswärtigen Amt, Reiseinfos 154
Autopanne, hör-/sehbehindert 88

B

Backups für Sicherheit 170
Bahn/Bus, günstige Verbindungen finden 44
Barrierefrei reisen 69
Barrierefreie Toiletten 126
Behinderung, Pannenhilfe anfordern 88
Berge, Namen 98

C

Camping on Board 53
Campingplätze, Stellplätze 55
Campingurlaub 55
Cyberkriminalität 170

D, E

Datensammler, Anbieter 8
Datenvolumen kontrollieren 167
DB Navigator 45
Deutschen Bahn (DB) 73
Deutscher Wetterdienst 109
Dokumente schützen 164
Dolmetscher-Apps 144
E-Moped 68, 70
E-Roller/-Scooter 68

F

Fahrausweise für Flug, Bahn, Fähre 43
Fähre, ADAC 53
Fähren 44, 53
Fahrrad ausleihen 72
Fahrradtour 92, 94
Fahrzeug leihen 67
Ferienwohnung/-haus 32
Fernreisebus 50
Fitness-Apps 153
Flüge finden 46
– Kurztrips 47
Fotografieren, Tipps 129
Fotos online sichern 136
Fototagebuch 134
Free Floating, Fahrrad 72
Fremdsprachen
– Dialoge 144
– Übersetzung 141
Fremdwährung 24

G

Geld an Mitreisende überweisen 26
Gesundheits-Apps 153
Gleitschirmflieger 111
Going Abroad, Navi Ausland App 83
Google One, Backups 170
Google Pay 19, 163
Google Play Store 5
GPS-Ortung, Navi-Apps 92
Grauwasser 55

H, I

Hamburger Icon 20
Hitzewarnung 156
Hotels finden 34
Hotels, Bewertungen 38
iCloud, Backups 170
Inselhopping, Auto/Wohnmobil 52
Internet-Kosten 167
iPhone-Benutzer 5, 17

K, L

Kauf erstatten 12
– iPhone 16
Kostenlose Stornierung, Hotel 34
Kreditkarte 19
– kostenlos 28
Kulinarik 117
Kultur 117
Kurzzeit-Camper 58
Ladestationen, E-Autos 86
Lichtverschmutzung 112

M, N

Meditations-Apps 160
Mietwagen finden 76
Mitfahrgelegenheiten anbieten/finden 50
Navigationsapps 78

O, P

Online-Arztbesuch 158
Ort bestimmen 102
Ortung aktivieren 163
Outdoor-Aktivitäten 91
Pannenservice 88
Parkplatz, flughafennah 48
Pauschalreisen 36
Paydirekt (Giropay) 27
PayPal 26
Pflanzen bestimmen 100
Phishing 171, 173
Pkw ausleihen 74
Play Protect, Android 173
Polarlichter orten 113
Pollenflug 156
Postkarte 132
Privatcamping 59

Q, R

QR-Code/-Reader 7
Reiseadapter, Strom 165
Reiseinfos, Gesundheit 154
Reisekasse 19
Reisetagebuch 134
Reiseversicherung 31
Restaurants 122
Roaming 167
Roaming-Gebühren 164

S

Sehenswürdigkeiten 117
Sharing-Dienste 67
Shuttleservice Flughafen 48
Skigebiete 96
Skilehrvideos 97
Smartphone orten 165
Smartphone und Pkw binden, Navi 79
Smartwatch 6, 153
SNCB International 45
Speicherort einer App ändern 14
Sprache lernen 148
Städtetrips 117
Standort bestimmen 124
Startbildschirm 13
Steckertypen, E-Auto 86
Stell-/Campingplätze 55
Sternenhimmel 112, 114
Systemupdate 169

T, U

Tablet und Apps 6
Tankstellen, Spritpreise 84
Ticket für Kulturstätte 117
Toilette finden 126
Trinkgelder umrechnen 24
Übersetzungs-Apps 142
Umbuchung beachten 43
Urlaub buchen 31
Urlaubsschnäppchen 41
Urlaubsvideos 138

V, W

Versteckte Kosten 43
Videoaufnahmen 129
Viren 172
Vokabeltrainer 146
VPN 164
Währungsrechner 24
Wandern 92
Wassersportler 110
Werbeeinblendungen 8
Wetter-Apps 104
Wetterfühligkeit 156
Widgets 13, 105
Wiederherstellung, Fahrtüchtigkeit 58
Wildcampen 59
Wildpflanzen 100
Windstärke/-richtung 110
WLAN-Hotspots 164, 172
Wohnmobil 55, 58, 60, 62
– ausrichten 64
Wohnwagen, Fähre 53

Z

Zahlen mit Smartphone 163
Zahlungsmethoden 12
Zoll und Reise 165
Zugangsschutz 163
Zugangssperre 171
Zusatzakku (Powerbank) 165

Die Stiftung Warentest wurde 1964 auf Beschluss des Deutschen Bundestages gegründet, um dem Verbraucher durch vergleichende Tests von Waren und Dienstleistungen eine unabhängige und objektive Unterstützung zu bieten.

Wir kaufen – anonym im Handel, nehmen Dienstleistungen verdeckt in Anspruch.

Wir testen – mit wissenschaftlichen Methoden in unabhängigen Instituten nach unseren Vorgaben.

Wir bewerten – von sehr gut bis mangelhaft, ausschließlich auf Basis der objektivierten Untersuchungsergebnisse.

Wir veröffentlichen – anzeigenfrei in unseren Büchern, den Zeitschriften test und Finanztest und im Internet unter www.test.de

Der Autor Markus Schelhorn hat die Entwicklung des Smartphones von Anfang an hautnah miterlebt. Er arbeitet neben eigenen Projekten als freier IT-Journalist für bekannte Fachverlage und Online-Magazine. Zudem schreibt er Presse- und Marketingtexte für ein führendes Industrieunternehmen.

© 2022 Stiftung Warentest, Berlin

Stiftung Warentest
Lützowplatz 11–13
10785 Berlin
Telefon 0 30/26 31–0
Fax 0 30/26 31–25 25
www.test.de
email@stiftung-warentest.de

USt-IdNr.: DE136725570

Vorstand: Hubertus Primus
Weitere Mitglieder der Geschäftsleitung:
Dr. Holger Brackemann, Julia Bönisch, Daniel Gläser

Alle veröffentlichten Beiträge sind urheberrechtlich geschützt. Die Reproduktion – ganz oder in Teilen – bedarf ungeachtet des Mediums der vorherigen schriftlichen Zustimmung des Verlags. Alle übrigen Rechte bleiben vorbehalten.

Programmleitung: Niclas Dewitz

Autor: Markus Schelhorn

Projektleitung: Alexandra Germann, Johannes Tretau
Lektorat: Heike Plank
Titelentwurf: Christian Königsmann
Layout, Grafik, Satz: Annett Hansen, Berlin
Bildredaktion: Markus Schelhorn
Bildnachweis: AdobeStock (Titel); GettyImages (Rückseite Umschlag)
Screenshots: Markus Schelhorn

Produktion: Vera Göring
Verlagsherstellung: Rita Brosius (Ltg.), Romy Alig, Susanne Beeh
Litho: tiff.any, Berlin
Druck: brandenburgische universitätsdruckerei, potsdam

ISBN: 978-3-7471-0418-7

Wir haben für dieses Buch 100 % Recyclingpapier und mineralölfreie Druckfarben verwendet. Stiftung Warentest druckt ausschließlich in Deutschland, weil hier hohe Umweltstandards gelten und kurze Transportwege für geringe CO_2-Emissionen sorgen. Auch die Weiterverarbeitung erfolgt ausschließlich in Deutschland.